Zwiebel

Roland Tauber

Mit Illustrationen von
Linda Wolfsgruber

mandelbaums *kleine gourmandisen*
N° 24

Die *kleinen gourmandisen* werden herausgegeben von Michael Baiculescu und Margot Fischer.

9 783854 765936

www.mandelbaum.at
www.mandelbaum.de
ISBN 978-3-85476-593-6

office@mandelbaum.at
Wipplingerstr. 23, 1010 Wien

2. Auflage 2025
Lektorat: Inge Fasan
Satz und Umschlaggestaltung: Michael Baiculescu
Illustrationen: Linda Wolfsgruber
Druck: Interpress, Budapest

WAS DIE KÜCHENWELT IM INNERSTEN ZUSAMMENHÄLT

Seit der Schulzeit hängt mir ein kleines Goethe-, genauer gesagt Faust-Trauma an, als ich bei der Interpretation dieses Stückes die mit Abstand schlechteste Note aller meiner schriftlichen Deutsch-Arbeiten erhielt und es einfach nicht begreifen konnte. Wahrscheinlich hatte ich den Faust nicht richtig begriffen. Dennoch oder gerade deswegen wachte ich eines Morgens mit folgender Sentenz frei nach Goethes »Faust« auf:

Es ist die Zwiebel, die die Küchenwelt
im Innersten zusammenhält.

Weit hergeholt ist der Bezug von Goethe zur Zwiebel nicht, in seiner Weimarer Zeit erlebte er den berühmten Weimarer Zippel-, sprich Zwiebelmarkt jährlich – immerhin wird der schon seit Mitte des 17. Jahrhunderts begangen. Goethe pries oft die Heilkräfte der Zwiebel und schmückte Schreibtisch und Haus mit Zwiebelrispen, die wegen der Farbzusammenstellung gerne aus Braunschweiger Dunkelblutroten und goldgelben Stuttgarter Riesen geflochten wurden und werden, womit wir zwei bekannte Zwiebelvertreter hier schon einmal genannt hätten.

An der herausragenden Stellung der Zwiebel in der Küche ist etwas dran, gilt die Zwiebel doch als unersetzliches und wichtigstes Würzgemüse. Die englische Autorin Niki Segnit nennt sie in ihrem »Geschmacks-Thesaurus« die »größte Malocherin der Lebensmittelbranche«, vergessen wir darüber aber nicht, dass die Zwiebel ab und an nicht nur die dienende, sondern die Hauptrolle eines Gerichts übernimmt und nicht nur deshalb auch als »Königin der Küche« bekannt ist, z. B. in diversen Zwiebelsuppen und Zwiebelkuchen oder als gefülltes Gemüse. Laut dem berühmten Koch Alain Ducasse ist Kochen ohne Zwiebel, als wolle man eine unvollendete Symphonie komponieren. Udo Pini schrieb in seinem »Gourmet

Handbuch«, dass laut Experten jedes zweite deutsche Gericht Zwiebeln enthält. Ich habe mir selbst einmal die Mühe gemacht, in diversen deutschsprachigen Grundkochbüchern der bürgerlichen Küche – Desserts, Kuchen und andere süße Gerichte außen vor gelassen – durchzuzählen, wie viele Gerichte die Zwiebel in einer ihrer bekannten Arten enthalten. Es waren Pi mal Daumen zwei Drittel der Gerichte, und da habe ich diejenigen noch nicht mitgezählt, die zwar vordergründig keine Zwiebeln, aber Fonds, Saucen oder Brühen enthielten, die u. a. mit Zwiebeln zubereitet werden. Schon das Frankfurter »Kochbuch mit Bildern für artige Mädchen« von 1850 reimte trefflich:

Die alte Zwiebel hier, das ist Dir eine längst bekannte,
Und doch ist eine Fremde sie und stammt aus heißem Lande:

Sie ist zu Haus in Afrika. Als Würze zu den Speisen
Kann unsre gute Zwiebel wohl ein Hauptbestandtheil heißen.

Wer nun meint, dass die Zwiebel eventuell nur in hiesigen Breiten so beliebt ist, dem seien die beiden Länder mit dem größten Zwiebelverbrauch verraten: China und Indien. Natürlich sind das riesige und bevölkerungsreiche Länder und für eine vorwiegend ärmliche Bevölkerung ist die Zwiebel als billigstes Gemüse auf dem Markt lebenswichtig, aber daran liegt der hohe Verbrauch sicherlich nicht nur. Die Zwiebel ist – von Süßspeisen abgesehen – einfach ein Allrounder. Eine TV-Dokumentation über den Zwiebelverbrauch in Indien beeindruckte mich nachhaltig: So werden Zwiebeln mancherorts schlicht zu jeder Mahlzeit verwendet und auch zwischendurch genascht, und selbst Kinder verlangen nachdrücklich danach, wenn die Zwiebel beim Kochen mal vergessen wird. In Indien kann ein steigender Zwiebelpreis Staatskrisen auslösen und brachte schon Regierungen zu Fall.

Selbstverständlich gibt es bei so einem enormen Status der Zwiebel auch eine dortige Zwiebelmafia. Und die inoffizielle Nationalspeise sollen Zwiebel-Pakoras sein. Wobei der Begriff Nationalspeise meist eine eher klischeebehaftete Zuschreibung von außerhalb einer Küchenkultur ist. Und in diesem Fall die Inder möglicherweise abwertend als »Zwiebelfresser« dargestellt werden sollen.

Denn die Zwiebel gilt keineswegs bei allen Menschen als Königin der Gemüse. Wie bei jedem anderen Lebensmittel gibt es auch Gegner und Verächter, die die würzenden und heilenden Kräfte der Zwiebel ignorieren und ihr stattdessen körperliche Beschwerden wie Blähungen, Magenreizungen oder Kopfschmerzen zuschreiben, die es auch teilweise geben mag. Am ehesten treten diese Beschwerden beim Verzehr roher Zwiebeln auf (weswegen es das Verb »zwiebeln« auch in der übertragenen Bedeutung von »quälen« gibt). Je länger Zwiebeln gegart werden, umso seltener sind Beschwerden. Und natürlich reagiert jeder Mensch individuell auf Zwiebeln.

Warum aber Zwiebeächter unbedingt z. B. ein Gulasch ohne Zwiebeln kochen möchten, will sich mir nicht so recht erschließen. (Ja, im Internet kursieren wirklich solche Rezepte.) Da muss ich dann schmunzeln und gleichzeitig klarstellen: Das wird allenfalls ein Fleischtopf, aber niemals ein Gulasch. Ob es andererseits unbedingt der Zwiebelmenge bedarf, die ein kolportiertes Rezept für die Gulaschkanone des österreichischen Bundesheeres angibt, wage ich dann doch zu bezweifeln: Auf acht Kilo Rindfleisch kommen dort achtzig (!) Kilo Zwiebeln (und ebenso viele Kilos Öl). Entweder lässt der Heeresetat nicht mehr Fleischeinlage zu oder der Feind im Inneren und Äußeren sollte möglicherweise mit entsprechenden Darmwinden in die Flucht geschlagen werden. Vermutlich handelt es sich aber einfach um einen Fehler, denn ein Verhältnis 1:1 von Fleisch und Zwiebeln ist schon eher üblich. Und noch ein kleiner Einwurf zur Frage der Notwendigkeit der Zwiebel: Ob die ebenso berühmte Paella Valenciana mit oder ohne Zwiebel zubereitet wird, ist bis heute eine nicht enden wollende Debatte.

Allerdings dürften die Zwiebelgegner selten die ganze Bandbreite der Zwiebelsorten durchprobiert haben, sonst kämen sie nicht dazu, sie einhellig über einen Kamm zu scheren. Eigentlich ist in der großen Familie der essbaren Zwiebeln (*Allium cepa* inklusive Varietäten) für jeden Geschmack die passende Zwiebel vorhanden. Und erst recht haben die Zwiebelgegner nicht die Wandlungsfähigkeit der Zwiebel beachtet: Im Rohzustand ist sie mehr oder weniger scharf, kurz blanchiert oder gedünstet verliert sich die Schärfe zugunsten einer aromatischen Würzigkeit, und je länger sie »bearbeitet« wird, umso süßer gibt sie sich (es sei denn, Sie lassen sie verbrennen). Diese Wandlungsfähigkeit wird auch in etlichen Rezepten explizit ausgenutzt. Um hier noch einmal die Zwiebelnation Indien als Beispiel anzuführen, ist dort der Begriff »Dopiaza« (übersetzt »Doppelzwiebel«) gegenwärtig, was bedeutet, dass bei vielen Gerichten die Zwiebel in zweifacher Weise verwendet wird – ein Teil wird länger mitgeschmort, was zu einer würzigen Süße führt, ein Teil wird kurz als garnierende Ringe geröstet, sodass diese noch Biss und dezente Schärfe haben. Der zumindest zeitweise als bester Koch der Welt geltende Drei-Sterne-Koch René Redzepi vom dänischen Restaurant *Noma* hat sich dieses Prinzip bei einem speziellen Zwiebelgang ebenfalls zu Herzen genommen und die Zwiebel (entsprechend dem *Noma*-Prinzip der strikten Regionalität natürlich eine dänische) auf einem Teller sowohl roh, gekocht als auch gebraten präsentiert, lediglich mit einer hauchdünnen Scheibe dänischen Käses bereichert.

Es gibt da aber noch einen Umstand, der manchen Menschen den Umgang mit Zwiebeln verleidet und zu der wohl am häufigsten gestellten Frage in Bezug auf Zwiebeln führt: »Wie kann ich es vermeiden, dass ich beim Zwiebelschneiden tränen muss?« Eine einfache befriedigende Antwort ist bis heute nicht gefunden. Die einen atmen beim Zwiebelschneiden heftig durch den Mund ein und aus oder nehmen Wasser in den Mund, die anderen legen Zwiebeln vorab eine Zeit lang in den Kühlschrank. Ziemlich sicher hilft es, mit aufgesetzter Taucherbrille Zwiebeln zu schneiden oder unter Wasser, eventuell ja gar beides. Aber wer will diesen Aufwand wirklich betreiben? Denn durch das Schneiden der Zwiebel wird die schwefelhaltige Aminosäure Isoalliin aus der äußeren Schicht aufgespalten und freigesetzt und verbindet sich daraufhin mit dem Enzym Alliinase aus dem Inneren der Zwiebel, sodass das Reizgas Propanthial-S-oxid entsteht, was der Zwiebel in der freien Natur ein Schutz gegen Wildfraß von Tieren war. Dieses Reizgas hat leicht ätzende Wirkung, deshalb reagieren wir mit Tränen, um die Augen auszuspülen. Ich selbst träne beim Zwiebelschneiden recht selten und dachte immer, es läge an meinem scharfen Messer, mit dem ich saubere Schnitte vollführe, statt mit stumpfer Klinge auf der Zwiebel herumzuhacken. Aber das kann auch ein rein subjektives Empfinden sein. Wenn ich damit auch keine Tränen vermeide, vermeide ich zumindest, dass die Zwiebeln von grobem Gehacke und Gequetsche bitter werden. Das passiert im Übrigen auch, wenn geschnittene Zwiebeln zu lange an der Luft oxidieren. Ein mehrere Stunden altes Mettbrötchen mit rohem Zwiebelwürfelbelag ist also gleich aus mehreren Gründen kein Genuss (frisch zubereitet aber umso mehr!). Und da wir gerade beim Schneiden sind, sollen hier auch kurz die beiden gebräuchlichsten Schneidetechniken der Zwiebel erwähnt werden.

Für Zwiebelringe die Zwiebel von der äußersten papierenen Hülle befreien, den Wurzelansatz knapp abkappen und die Zwiebel von dort bis zum Triebende in Scheiben schneiden, die Sie dann durch leichtes mittiges Drücken in ihre einzelnen Ringe zerlegen können. Für kleine Zwiebelwürfelchen eine geschälte Zwiebel einmal mittig vom Wurzelansatz zum Triebende halbieren, das Triebende abkappen, die Schnittfläche auf die Arbeitsplatte legen, parallel zur Schnittfläche je nach Größe der Zwiebel etwa 2–3 Schnitte nicht ganz bis zum Wurzelende vollführen, dann im 90°-Winkel dazu etwa 4–5 Schnitte von oben nach unten (ebenfalls nicht ganz bis zum Wurzelende). Schließlich die so vorbereiteten Zwiebelhälften wiederum im 90°-Winkel dazu in Scheiben schneiden, die sogleich in Würfel zerfallen.

ZWIEBELARTEN UND -SORTEN

Die Zwiebel gehört ebenso wie Knoblauch oder Porree zur Gattung Lauch *(Allium)*. Diese wiederum war früher Teil der großen Pflanzenfamilie der Liliengewächse – heute gehört sie zur Pflanzenfamilie der Amaryllisgewächse in der Ordnung der Spargelartigen. Im Gegensatz zu Zierpflanzen aus der gleichen Ordnung, wie etwa der Hyazinthe, steht nicht die Blüte der *Allium*-Gewächse im Mittelpunkt des Interesses, sondern deren Zwiebel. Die verschiedenen Schichten der Zwiebel sind sozusagen die ineinandergeschobenen Unterblätter der Pflanze, während die Oberblätter die luftumschließenden Röhren sind, die wir über der Erde erkennen können. Jede Zwiebel hat 7 dickere Schichten, wenn wir die papierene Hülle und die dünnen Häutchen beiseitelassen. Nicht umsonst ist die Zahl 7 eine mythologische, die von den 7 Tagen der Woche bis zu den 7 Farben des Regenbogens Entwicklung und Leben verkörpert. In ihren 7 Schichten hat die Zwiebel all ihre Kraft gespeichert, die sie dazu befähigt, selbst in trockenen, unwirtlichen Gegenden zu (über)leben. Nur mit allzu viel Feuchtigkeit hat sie es nicht so sehr.

Zu den essbaren Zwiebeln aus der Gattung Lauch *(Allium)* gehört überwiegend die Küchenzwiebel *(Allium cepa)*, die u. a. auch Garten-, Speise- oder Sommerzwiebel genannt wird und in den Farben Weiß, Rot und Gelb-Braun vorkommt (und natürlich in vielfältigen Abstufungen von Perlmutt-Rosa bis Rot-Violett). Sie sind alle schalenförmig aufgebaute Knollen, manche etwas platter oder länglicher als rund. Grob unterschieden ist die weiße Zwiebel milde gestimmt, die rote mal mild, mal scharf und die gelb-braune Zwiebel immer mehr oder weniger scharf (Koch und Autor Vincent Klink nennt Letztere auch »hundsgemeine Zwiebel«, die für ein Gulasch aber unabdingbar sei [s. o.]). Die deutlich größere und mildere Gemüsezwiebel gehört ebenfalls zu den Küchenzwiebeln. Varietäten sind die kleinwüchsige, empfindliche Silberzwiebel *(Allium cepa var. cepa)*, der die schützende Außenhaut fehlt und die fast nur für Sauerkonserven verwendet wird, und die Schalotte bzw. Eschalotte *(Allium cepa var. aggregatum, Syn. Allium ascalonium)*. Schalotten haben ein weniger scharfes, dafür feineres, würzigeres Aroma als die meisten Küchenzwiebelsorten und eignen sich daher besonders gut zum Rohverzehr in Salaten. Sie sind entweder rund oder länglich, rot oder gelbbraun und bestehen aus mehreren (meist zwei) Zwiebelkörpern in einer Hülle, ähnlich wie der Knoblauch. Inzwischen gibt es auch eine Kreuzung aus der Küchenzwiebel und der Schalotte, die nach ihrer Form benannte Bananenschalotte bzw. Echalion (was aus den beiden französischen Wörtern *échalote* und *oignon* zusammengesetzt ist). Diese Kreuzung besteht nur aus einem Zwiebelkörper. Die eher wenig in der Küche gebräuchliche Perlzwiebel, die oft mit der Silberzwiebel verwechselt wird, ist hingegen eine kultivierte Sorte des Ackerlauchs *(Allium ampeloprasum)*. Bleibt noch die besonders auch in Asien beliebte Frühlingszwiebel *(Allium fistulosum, Syn. Allium cepa sissilis)* zu erwähnen. Gerade in den tropischen Zonen Asiens ersetzt sie neben der Schalotte weitgehend die Küchenzwiebel, die dort nicht oder nicht so gut gedeiht und auch als »fremde Zwiebel« bezeichnet wird. Die Frühlingszwiebel wird u. a. auch Winterzwiebel genannt, ist aber nicht mit der Winterzwiebel zu verwechseln, die als Küchenzwiebel *Allium cepa* statt über den Sommer über den Winter angebaut wird. Manchmal kann es ganz schön verwirrend sein und die industrielle Agrarwirtschaft hat es noch verwirrender gemacht, indem sie eine Frühlingszwiebel *Allium cepa* entwickelt hat, die frühzeitig geerntet wird, wenn der Zwiebelkörper sich noch nicht verdickt hat.

Weltweit gibt es etwa 500 verschiedene Zwiebelsorten, einige möchte ich hier kurz vorstellen:

Bekannt als Küchenzwiebel ist die *Stuttgarter Riesen*, die – wie der Name schon sagt – größer wächst als die übliche Küchenzwiebel und wegen ihrer besonderen Lagerfähigkeit beliebt ist. Ebenfalls eine altbewährte ertragreiche und sehr haltbare Sorte ist die *Zittauer Gelbe*. Eine alte Sorte aus dem nördlichen Weinviertel Österreichs ist die sehr geschmacksintensive birnenförmige *Schoderleer*, die bei den bekannten Saatgutmonopolisten keine Berücksichtigung mehr findet und deshalb von »Saatgut-Rettern« wieder angebaut wird, um ihr Überleben und die Verfügbarkeit zu garantieren. Ebenfalls nur noch in Hausgärten anzutreffen ist die französische *Jaune Paille des Vertus*, die, Ende des 18. Jahrhunderts eingeführt, auch als »Spanische Braune« bekannt war und mehr als 200 Jahre lang die Hauptanbausorte in Europa war. Sie ist neben ihrem Geschmack und der guten Lagerfähigkeit beliebt zum Flechten von Zwiebelzöpfen. Die italienische *Borettana*, die ihren Namen dem Anbauort Boretto verdankt und an ihrer flachen Form zu erkennen ist, findet man hier meist als eingelegte Zwiebel. In Aceto Balsamico eingelegt, entfaltet diese kleine Zwiebel von 3–4 cm Durchmesser einen angenehmen süß-sauren Geschmack. Durch ihre milde Würze schmeckt sie nicht nur zu kalten Antipasti oder Brotzeiten mit Käse, Wurst und Schinken, auch in der warmen Küche verleiht sie Saucen ein feines Aroma.

Die in unseren Breiten bekannteste rote Zwiebel ist die *Braunschweiger Dunkelblutrote*, eine plattrunde Zwiebel von sehr milder Schärfe, und sogar gut lagerfähig, was bei roten Zwiebeln eher selten ist. Ungewöhnlich in ihrer länglichen Form ist die *Rossa lunga di Firenze*, die in jedem Stadium geerntet werden kann: jung als milde Frühlingszwiebel, mittel als mildscharfe Salatzwiebel samt den Schlotten (den grünen Zwiebelröhren), reif als scharfe Küchenzwiebel. Die bekannteste rote Zwiebel Italiens ist aber wohl die *Tropea* aus Kalabrien, die zudem weltweit die süßeste Zwiebel sein soll (so huldigt ihr der Tropea-Fan Vincent Klink). Nicht verstecken hinter der Tropea muss sich die flache *Höri-Bülle* von der Bodensee-Halbinsel Höri. Beide Zwiebeln sind übrigens inzwischen von der EU geschützte geografische Angaben, kommen also ausschließlich aus diesen Anbaugebieten. Die Höri-Bülle ist zudem Arche-Passagier von Slow Food, die unter dem Motto »Erhalten durch Aufessen« selten gewordene Nutzpflanzen, -tiere und Lebensmittel vor dem Verschwinden bewahren wollen.

Ein kontrolliert eingegrenztes Anbaugebiet hat auch die französische *Oignon doux des Cévennes*, die milde weiße Zwiebel der Cevennen, die nur in 31 Gemeinden des Département Gard angebaut werden darf. Ihre Farbe reicht von permuttweiß bis kupferfarben und sie kann sehr gut roh gegessen werden, da sie keinerlei Bittere oder Schärfe besitzt. Ebenfalls eine weiße Zwiebel zum sprichwörtlichen Reinbeißen ist die spanische *Cebolla dulce de Fuentes*, süß mit ganz wenig Schärfe, ein echter Apfel-Ersatz.

Gemüsezwiebeln erreichen teils ein enormes Gewicht, der offizielle Rekord liegt bei über 6 kg für eine (!) Gemüsezwiebel der britischen Sorte *The Kelsae*. Bis zu 1 kg wiegt auch die *Ailsa Craig*, die für den Marquess of Ailsa in Schottland im Jahr 1887 von seinem Schlossgärtner gezüchtet wurde und wegen ihres mild-würzigen Geschmacks und der fehlenden Schärfe beliebt ist.

Cipollotti aus Italien ähneln unseren herkömmlichen Frühlingszwiebeln, sind aber größer, weiß oder auch rötlich. Frisch bekommt man sie im deutschsprachigen Raum selten, eingelegt in Essig oder Öl aber in manchen italienischen Feinkostläden. Die katalanische *Calçot de Valls* ist zart, weiß und süß und gegrillt Grundlage eines traditionellen Festes, der Calçotada. Diese Frühlingszwiebel wird auch in besonderer Weise ähnlich unserem Spargel angebaut, indem immer wieder Erde um die wachsende Pflanze angehäuft wird.

HERKUNFT

Die Zwiebel ist eine der ältesten essbaren Kulturpflanzen des Menschen und seit Jahrtausenden als Nahrungs- und Heilmittel im Gebrauch. Der Ursprung des Kulturanbaus wird mal in Afrika, mal in West- oder in Zentralasien vermutet. Nachgewiesen wird sie schon vor 5000 Jahren in China und vor 4000 Jahren im Babylonischen Reich (das Gebiet der ehemaligen Stadt Babylon liegt im heutigen Irak), dort soll sie auch in den Hängenden Gärten, einem der sieben Weltwunder

der Antike, angebaut worden sein. In Ägypten zur Zeit des Baus der Pyramiden war sie von immenser kraftspendender Bedeutung, die daran beteiligten 12000 Arbeiter wurden tagtäglich mit Zwiebeln, Knoblauch und Rettich verköstigt, was etwa 1600 Silbertalente bzw. umgerechnet zu heute eine Millionensumme an Euros gekostet hat. Zwiebeln waren zu der Zeit auch Grabbeigabe (man hoffte wohl, das scharfe Zwiebelaroma könnte Toten wieder Leben einhauchen) und sogar Zahlungsmittel – für den Pyramidenbau wird man die Verpflegungs-Zwiebeln aber kaum mit Zahlungs-Zwiebeln bezahlt haben. Dagegen sollten die Priester der Göttin Isis auf den Zwiebelverzehr verzichten, da ihr auch aphrodisierende Wirkung nachgesagt wurde. Als Kraftspender und Förderer der Kampfeslust hat Alexander der Große die Zwiebel für sein Heer aus Ägypten nach Griechenland gebracht und auch die Römer sollen sie hauptsächlich ihren Truppen bei den Eroberungszügen ins Marschgepäck gegeben haben (und so taten es im Übrigen auch die Wikinger auf ihren Seereisen). Dagegen waren sowohl Griechen als auch Römer von ihren kulinarischen Werten nicht unbedingt überzeugt. Als Sokrates von seinem Schüler Xenophon Zwiebeln serviert wurden, reagierte er nicht sehr amüsiert: *»Man gibt Soldaten vor der Schlacht Zwiebeln zu fressen. Aber, mein lieber Xenophon, wir sind doch keine Raufbolde. Also weg mit dieser mir so odiosen Stinkpflanze!«* Der römische Gastrosoph Apicius erwähnt die Zwiebel auch nur im Zusammenhang einer einzigen Gemüsesuppe, ansonsten schweigt er zu der Knolle. Wohingegen der römische Satiriker Persius deutlicher wird:

Für seine Mahlzeit wollte er nichts zahlen.
Er war ein Geizhals, fraß nur Hirsebrei
und aß mit Salz bestreute Zwiebelschalen,
als ob er nur ein armer Schlucker sei.

Durch die römischen Truppen kam die Zwiebel auch über die Alpen, wo sie zumindest in den Klostergärten ihren Platz fand, ansonsten aber erst wieder erwähnt wird, als Karl der Große im 8. Jh. seine »Capitulare de villis« (Landgüterverordnung) erließ, in der er den Anbau empfehlenswerter essbarer Pflanzen vorschrieb. Ob die Schalotte ebenfalls über Griechen und Römer bei uns landete oder erst mit den christlichen Kreuzrittern, ist nicht geklärt, jedenfalls entdeckten die Kreuzritter auf ihren Kreuzzügen diese kleine Zwiebel in der Hafenstadt Askalon westlich von Jerusalem und nahmen sie mit. Diese Ascalotten (franz. *échalottes*) sind wohl die Vorläufer der heutigen Schalotten. Sie eroberten in Mitteleuropa zunächst die Küche Frankreichs, während die deutsche Ignoranz (oder war es einfach nur Unkenntnis?) ihr gegenüber bis weit ins 20. Jh. anhielt.

Häutet man unser heutiges Wort Zwiebel nach und nach, kommt zuerst mittelhochdeutsch *zwibolle* ans Licht (kein Wunder, dass die Zwiebel gerne auch Bolle oder Bölle genannt wird, denken Sie an das Berliner Bollenfleisch oder die Schweizer Böllewähe), dann das althochdeutsche *zwibollo* zum Vorschein, schließlich das lateinische *caepula* als Verkleinerungsform von *cepa.* Das italienische *cipolla* ist aus der Verkleinerungsform ebenfalls gut herzuleiten, ebenso das spanische *cebolla.*

Das englische *onion* und französische *oignon* gehen hingegen auf das anglonormannische *union* und dieses auf Latein *unio* zurück, was das Eine bzw. auch die Perle heißt und die Zwiebel damit vom mehrzehigen Knoblauch unterschied.

Die allgegenwärtige Zwiebel hat natürlich auch in einigen Begrifflichkeiten ihre Spuren in unserer Sprache und unserem Alltag hinterlassen, etwa die besonders in Russland und Bayern anzutreffenden rundlichgeschwungenen Zwiebelhauben auf dementsprechend benannten Zwiebeltürmen, die wie stilisierte Zwiebeln aussehen, in ihrer aber auch vorkommenden eckigen Variante dann jedoch eher wie kubistische Zwiebeln. Oder das berühmte Meißner Porzellan mit dem fast noch berühmteren blau-weißen Zwiebelmuster (ab 1730 entwickelt), das eigentlich keine Zwiebel, sondern Pfirsich, Granatapfel und Zitrone darstellt und auf Vorbilder der frühen Ming-Zeit zurückgeht. Oder der gesellige Oberflächenfisch Ukelei, volkstümlich auch Zwiebelfisch genannt, was später im Druckgewerbe zum Begriff der Zwiebelfische führte, der aus einer falschen Schrift in den Satz geratene Buchstaben meinte, weil dieses Durcheinander aussähe wie ein Schwarm Zwiebelfische.

ANBAU UND LAGERUNG

Je nach Aussaat- und Erntezeitpunkt unterscheidet man unsere Küchenzwiebel in Sommer- und Winterzwiebel. Die Sommerzwiebel wird im März als Zwiebelsteckling gesteckt und kann im September geerntet werden. Oder sie wird im März als Zwiebelsamen ausgesät und kann dann im darauffolgenden Jahr geerntet werden. Es gibt sogar traditionelle Gärtnerregeln, wonach Zwiebeln nur am 21. März, dem Namenstag des hl. Benedikt, ins aufgelockerte Beet gebracht werden sollten, zusammen mit der Beschwörungsformel: »Benedikt, mach die Zwiebeln dick!« Die ungarischen Bauern der bekannten *Makóer Zwiebeln* verlassen sich nicht auf religiösen Beistand, sondern ernten mittels zwischenzeitlicher Wärmebehandlung riesige Knollen. Dafür holen sie die aus Samen gezogenen Stecklinge im Herbst aus dem Beet und trocknen sie im Haus über dem Ofen, bevor sie sie im nächsten Frühjahr wieder ins Beet setzen.

Die Zwiebel mag es am liebsten sonnig in trockenen, lockeren, humosen Böden mit hohem Sandanteil, Feuchtigkeit behagt ihr weniger. Die Winter- bzw. Winterheckzwiebel wird im Juli/August ausgebracht und dann ab Mai des Folgejahres geerntet. Ebenso die Frühlingszwiebel, die aber extra eng gesteckt bzw. gesät wird, damit sie eben nicht dick wird. Außerdem wird sie vor der Reife im beginnenden Frühjahr geerntet, das grüne Röhrenlaub in der Küche mitverwendet. Ansonsten ernten Sie die Küchenzwiebeln bitte nicht zu früh, das beeinträchtigt ihre Lagerfähigkeit. Zwei Drittel des Laubs sollten bei sonnigem Wetter schon abgetrocknet sein und Regenschauer nicht in Sicht, dann kann man das Laub niedertreten (früher nannte man die Zwiebelerntehelfer aus der Stadt spöttisch auch Zwiebeltreter), die Zwiebeln aus der Erde holen und zur endgültigen Reife durch erstes Trocknen noch ein paar Tage auf dem Beet liegen lassen. Nach der Ernte hat es die Zwiebel bei uns im Haus gerne trocken und luftig, nicht zu warm und nicht zu kalt. Also bitte weder im Kühlschrank oder in der Tiefkühltruhe lagern, auch nicht in komplett abgedichteten Behältnissen, schon gar nicht in Plastiktüten, aber auch nicht in der heutzutage oft recht warm beheizten Küche. Am liebsten ist es ihr ausgebreitet auf etwas Zeitungspapier auf dem trockenen Kellerboden oder in einem Netz bei 6 bis 10 Grad. Die lagernde Nachbarschaft der »feuchten« Kartoffel behagt ihr auch nicht besonders. Zwiebeln sollten bei Gebrauch fest sein und noch nicht austreiben.

(HEIL-)WIRKUNGEN DER ZWIEBEL

Zwiebeln wird schon seit alters her heilende Wirkung zugesprochen, Paracelsus (1493–1541) verstieg sich sogar zu dem Ausspruch, dass eine Zwiebel so viel wert sei wie eine ganze Apotheke. Somit war es auch mehr als überfällig, dass 2015 endlich auch die Zwiebel vom »Verein zur Förderung der naturgemäßen Heilweise nach Theophrastus Bombastus von Hohenheim, gen. Paracelsus e.V.« zur Heilpflanze des Jahres ernannt wurde, was natürlich an ihren vielfältigen Inhaltsstoffen liegt: Neben 90 % Wasser enthalten Zwiebeln u. a. Eiweiß, Vitamine (Provitamin A und Vitamine B, C und E), Mineralien (Kalium, Calcium, Phosphor, Eisen, Iod und Selen), sekundäre Pflanzenstoffe und Fluor. Den charakteristischen Geruch und Geschmack verdankt die Zwiebel einem hohen Gehalt an ätherischen Ölen und der stechend riechenden Aminosäure Isoalliin, die kennen Sie ja nun schon vom Tränenfluss. Zwiebeln wirken aber nicht nur auf die Tränendrüsen, sondern auch appetitanregend (das wusste schon der sizilianische Arzt Dioskurides im 1. Jh.), fördern die Durchblutung und stärken die Herztätigkeit, kurbeln die Verdauung, den Harndrang und die Fettverbrennung an. Da horchen Abnehmwillige natürlich sofort auf! Der Effekt ist aber nicht besonders groß. Stärker ist da schon der antibiotische und antibakterielle Nutzen der Zwiebel, ob bei der äußeren Wundanwendung (der Botaniker John Parkinson vermerkte im 17. Jh., dass Zwiebelsaft Verbrennungen lindert; ebenso wird Zwiebelsaft bei Insektenstichen empfohlen und auch bei Narbenbehandlung) oder etwa bei grippalen Infekten und Erkältungen (Zwiebel zerkleinert roh essen; Zwiebel entsaften und direkt trinken oder mit Honig und Wasser einen Zwiebelsirup ansetzen). Frühe heilkundliche Erwähnungen der Zwiebel finden sich schon in babylonischen Keilschriftfunden, die besagen, dass derjenige, der im Frühherbst Zwiebeln isst, vor dem Winter keine Leibschmerzen bekommt. Auch der schon erwähnte Dioskurides empfahl die Zwiebel zur Reinigung und Erweichung des Bauches. Ein frühes Standardwerk der Kräuterheilkunde im mitteleuropäischen Raum, der *Macer floridus* von Odo Magdunensis aus dem 11. Jh., empfiehlt den Zwiebelsaft ebenfalls bei Ohrenschmerzen (in den Gehörgang träufeln;

man kann auch ein erwärmtes Säckchen mit zerkleinerter Zwiebel aufs schmerzende Ohr binden) oder Schnupfen (Saft durch die Nase hochziehen), gegen Zahnschmerzen und Geschwüre im Mund, gegen Hämorrhoiden und Pest sowie als Hautmittel. Hildegard von Bingen hingegen empfahl die Zwiebel nur eingeschränkt:

»Roh gegessen ist die Zwiebel so schädlich und giftig wie der Saft von Unkräutern; gekocht ist sie gesund, weil durch die Feuerhitze die in ihr vorhandenen Schädlichkeiten gemindert werden. Für solche, die an Schüttelfrost leiden oder Fieber haben oder Gicht, ist sie gekocht besonders gut. Dem Magenkranken macht sie, roh wie auch gekocht, Schmerzen, weil sie zu feucht ist.«

Der Naturheilkundler Sebastian Kneipp setzte die Zwiebel im 19. Jh. gegen Darmparasiten, sprich Würmer, ein:

»Man zerschneidet eine Zwiebel, setzt sie in einem Quart Wasser an und lässt sie über Nacht stehen. Am Morgen werden die Zwiebeltheilchen ausgepresst und dieses Wasser nüchtern getrunken. Wendet man dieses Mittel drei bis vier Tage an, dann sind die Würmer sicher getödtet und abgetrieben.«

Und neueste Erkenntnisse von Forschern der Kumamoto-Universität in Japan lassen Hoffnung auf einen Anti-Krebs-Effekt erblühen, der durch die in der Zwiebel vorkommende natürliche Chemikalie Onionin A (ONA) bewirkt werden soll.

In der belletristischen Literatur ist die Heilwirkung der Zwiebel auch immer mal wieder erwähnt, ein schönes Beispiel findet sich in Vicki Baums Roman »Vor Rehen wird gewarnt«, wo zudem noch eine besondere Zwiebelsorte vorgestellt wird:

»Maud lächelte ruhig. ›Schon gut, Schwesterchen, du brauchst mich nicht aufzumuntern. Ich fühle mich viel besser, seitdem ich weiß, was ich tun muß. Ich werde ins Sanatorium Quisiana gehen, in den Catskills. Dort scheinen sie

ja Wunder zu tun mit ihrer neuen Kur, vielleicht hast du in der Zeitung darüber gelesen? Bermuda-Zwiebeln. Keine Bakterie kann in der Nähe einer Bermuda-Zwiebel bestehen. Gewöhnlich dauert die Kur nicht länger als vier bis sechs Wochen …‹«

Zum Zeitpunkt der Handlung in Vicki Baums Roman kurz vor dem Erdbeben in San Francisco 1906 war die Bermuda-Zwiebel in den USA sehr populär und dort gerade mal gut 15 Jahre auf dem Markt. Die flache weiße bis gelbliche Zwiebel mit ihrem ausgeprägt mild-süßlichen Geschmack wurde 1890 zum ersten Mal in die USA importiert und war schon um die Jahrhundertwende eine wichtige Einnahmequelle für die Inselbewohner der Bermudas, die sich selbst »onions« nannten. Ab 1898 wurde die Zwiebel dann auch in Texas angebaut. Kommerziell relevant war sie aber nur bis in die Mitte der 1940er Jahre, als sie von der lange haltbaren Grano-Zwiebel aus Spanien vom Markt verdrängt wurde. Im Übrigen soll Ernest Hemingway die Bermuda-Zwiebel geliebt haben. Ob er allerdings während eines Einkaufs derselbigen den Mann kennengelernt hat, Gregorio Fuentes, der ihn zu »Der alte Mann und das Meer« inspirierte, ist eher zweifelhaft. Zu der Entstehungsgeschichte dieses berühmten Romans kursieren einfach zu viele Anekdoten.

Eine Zwiebel-Kur in einem Sanatorium liest sich aus heutiger Sicht wie eine Abzocker-Masche, möglicherweise war die Bermuda-Zwiebel 1906 aber noch nicht überall in den USA gleich weit verbreitet und hatte somit noch etwas Exklusives an sich, auch wenn zu dem Zeitpunkt schon 1.000 Eisenbahnwaggon-Ladungen von Texas aus auf den landesweiten Markt gebracht wurden.

REZEPTE

Vorab möchte ich darauf hinweisen, dass die Fülle an Rezepten mit Zwiebeln hier nur schwer wiederzugeben ist, egal ob als Hauptdarsteller oder als gewichtige Zutat wie bei dänischen Hot Dogs mit Röstzwiebeln, Leber Berliner Art mit braun geschmorten Zwiebelringen oder chinesischer Peking-Ente mit Frühlingszwiebeln, um nur drei zu nennen, deren Rezepte hier nicht folgen (es aber verdient hätten!), es bleibt eine subjektive Auswahl, die, wenn nicht anders angegeben, jeweils für 4 Personen gedacht ist, wobei ich eine möglichst große Bandbreite an Verwendungsmöglichkeiten der Zwiebel angestrebt habe und möglichst viele verschiedene Länder mit ins »Zwiebelboot« holen wollte.

Die einfachste Form des Zwiebelgenusses ist sicherlich der Rohverzehr, wobei in hiesigen Breiten eher selten jemand zu sehen ist, der ausschließlich und ohne weitere Speisenbegleitung in eine rohe Zwiebel beißt und diese nach und nach verspeist. In der Vergangenheit kam dies in Notzeiten aber vor, und es ist in anderen Ländern durchaus an der Tagesordnung, ob wie schon erwähnt in Indien oder in ländlichen Gebieten der Ukraine, wie das Ehepaar Kaminer zu berichten weiß, »wo die Menschen Zwiebeln wie Äpfel zum Frühstück vernaschen«, auch weil sie an die heilende Kraft dieses Frühstücks glauben.

Roh ist die Zwiebel aber auch bei uns Bestandteil etlicher herzhaft zusammengestellter Jausen- und Vesperbretter bzw. -mahlzeiten, meist mit Brot, Käse, Schinken, Wurst, eingelegten Gurken und dergleichen mehr. Unverzichtbar ist die rohe Zwiebel beim Mett- oder Hackepeterbrötchen oder dem Mettigel (bei dem Zwiebelstifte als Stacheln aus dem Mettkörper herausragen).

Als wichtigstes Würzgemüse kommt die Zwiebel solo oder meist in diversen Zusammenstellungen mit anderen Gemüsen, Kräutern und Gewürzen zum Andünsten oder Anrösten für Fonds, Saucen, Suppen, Braten etc. in fast allen Küchenkulturen vor, ich nenne hier kurz ein paar Beispiele:

Im deutschsprachigen Raum ist das *Suppengemüse* (Lauch, Sellerie, Möhre) in Verbindung mit der Zwiebel vorherrschend. Zudem wird die Zwiebel oft für Fonds, Fleisch- und andere Gerichte gespickt, meist mit 2–3 Nelken und 1 Lorbeerblatt. So lässt sich die Zwiebel mitsamt dieser Gewürze nach dem Kochvorgang mühelos entfernen. Das dunkelbraun bis schwarze Anrösten einer halben ungeschälten Zwiebel in einer ungefetteten Pfanne bringt zusätzliche Röstaromen in Fonds und Gerichte.

Das französische *Mirepoix* besteht meist aus Zwiebeln, Möhren und Knollensellerie im Verhältnis 2 : 2 : 1.

Im ehemals französischen Süden der USA gibt es die *Holy Trinity* (Zwiebel, Stangensellerie, grüne Gemüsepaprika im Verhältnis 1 : 1 : 1).

In Italien findet man das *Soffritto* (Zwiebel, Möhre, Sellerie). Es kann aber auch nur aus Zwiebeln bestehen oder zusätzlich Knoblauch enthalten.

Ähnlich wie das italienische Soffritto klingt das spanische *Sofrito,* welches ebenso wie das *Refogado* aus Portugal sowie den entsprechenden spanisch- oder portugiesischsprachigen Ländern Lateinamerikas aus einer Kombination von Zwiebeln, Knoblauch und Tomaten, meist auch Paprika und Kräutern, besteht.

Zwiebeln, Knoblauch und Tomaten bilden auch das philippinische *Ginisá.*

Und ein thailändisches, wenn nicht gar jedes asiatische Currygericht beginnt wohl meist damit, dass man Knoblauch mit ein paar Scheiben roter Schalotten und

Salz in einem Mörser zermahlt. Und dann weitere Gewürze und Kräuter folgen.

Rezepte für die verschiedenen Fonds (Fleisch-, Fisch-, Geflügel-, Gemüsefond etc.), die als Grundlage vieler Gerichte dienen, spare ich mir hier aus Platzgründen, sie sind aber mühelos im Internet oder in allen Grundkochbüchern zu finden.

SAUCEN, DIPS ETC.

Wie schon erwähnt, werden in Indien Zwiebeln zu allen Tageszeiten verspeist, ob roh, frittiert oder als Beilage mit nur wenigen zusätzlichen Zutaten angemacht.

Pyadj ka laccha

Indisches Zwiebelrelish

3 rote Zwiebeln • ¼ TL Paprikapulver • 1 Prise Cayennepfeffer • 4 TL Zitronensaft • ¾ TL Salz

Die Zwiebeln schälen und in sehr dünne Ringe schneiden. Mit den übrigen Zutaten in einer Schüssel gut mischen. Mindestens 30 Minuten durchziehen lassen. Wird als Beilage zu vielen indischen Rezepten gereicht.

Mexikanisches Zwiebelrelish

Relish nennt man die kalte Zubereitung roher Zwiebeln mit einer Marinade gemeinhin, und sie ist rund um den Globus bekannt. Eine mexikanische Version, die gerne zu Tacos, etwa mit Rindfleischstreifen und Guacamole, gereicht wird, machen Sie so:

2 rote Zwiebeln • 1 kleines Bund Koriander • Saft von ½ Orange • Saft von 2 Limetten • 1 EL Weißweinessig • ½ TL Salz

Zwiebeln schälen und in feine Streifen schneiden, Koriander fein hacken. In einer Schüssel Zwiebelstreifen mit Koriander, Orangen- und Limettensaft, Essig und Salz gründlich vermischen. Schüssel abgedeckt mindestens 4 Stunden im Kühlschrank durchziehen lassen. Vor dem Servieren auf Zimmertemperatur bringen.

Zwiebelmarmelade

Werden die Zwiebeln statt roh mariniert lange mit weiteren würzenden Zutaten erhitzt, spricht man von der Zwiebelmarmelade bzw. dem Zwiebelconfit, im englischsprachigen Raum von *onion jam*. Und süß kann die Zwiebel auch. Ist die Mischung betont süß-sauer, spricht man auch von Zwiebel-Chutney. Es gibt verschiedenste Rezepturen, mit und ohne Alkohol und mit unterschiedlichsten Gewürzbeigaben. Das folgende Rezept ist sozusagen der Einsteiger, man wundert sich, wie aus so wenigen Zutaten so etwas Genussvolles entsteht, das gleichermaßen zum Steak, zu Käse oder Crackern mundet.

700 g Zwiebeln (ich mag die Marmelade gerne mit roten Zwiebeln) • 60 g Butter • 1 TL Salz • 1 TL Zucker • Pfeffer

Zwiebeln schälen und in dünne Streifen schneiden. Die Butter in einer beschichteten Pfanne erhitzen, Zwiebeln und die Hälfte vom Salz zugeben und einmal durchrühren. Die Pfanne zudecken und die Zwiebeln 15 Minuten bei niedriger Hitze dünsten, bis sie Flüssigkeit abgegeben haben. Deckel von der Pfanne nehmen, Temperatur erhöhen und die Zwiebeln bei mittlerer Hitze 10 Minuten lang weitergaren, dabei öfters umrühren. Derweil verdampft die Flüssigkeit nach und nach. Zucker in die Pfanne einstreuen und weiter 10 Minuten garen, und immer wieder umrühren. Zum Schluss mit dem restlichen Salz und Pfeffer abschmecken.

Sauce Soubise

Diese klassische französische Zwiebelsauce ist nach dem Fürsten von Soubise, Charles de Rohan, benannt (1715–1787), dessen Küchenchef die Sauce erfand. Charles de Rohan war sowohl Günstling der Madame de Pompadour als auch später von Madame Dubarry. Sauce Soubise wird zu hellem Fleisch oder Fisch serviert oder zum Überbacken verwendet.

400 g Zwiebeln • 1 Tasse Brühe (möglichst passend zum Fleisch oder Fisch) • 80 g Butter • 50 g Mehl • 500 ml Milch • Salz • Muskat • 2 EL süße Sahne oder 1 EL Crème fraîche (nach Wahl)

Zwiebeln schälen und klein schneiden. Zwiebelstücke in Wasser 10 Minuten kochen, abseihen. Die gekochten Zwiebeln in 30 g Butter weich dünsten, ohne dass sie Farbe annehmen. Von Zeit zu Zeit Suppe hinzufügen. Die übrige Butter in einer zweiten Pfanne flüssig werden lassen, Mehl dazurühren und mit Milch ablöschen. Mit Salz und frisch geriebenem Muskat abschmecken. Die Zwiebelstückchen dazugeben und bei geringer Hitze 20 Minuten köcheln. Dann durch ein feines Sieb streichen. Vor dem Servieren nach Wahl süße Sahne oder Crème fraîche darunterziehen.

Sauce pauvre homme / Poor man sauce
Arme-Leute-Sauce

Eine »abgespeckte« Version der Sauce Soubise kennt man in Frankreich und England als »Sauce der armen Leute«, Muskat und Sahne/Crème fraîche fehlen, eine Mehlschwitze kommt auch nur gelegentlich vor oder wird stattdessen mit Semmelbröseln hergestellt. Und die eh schon sehr günstige Zwiebel findet man nur in minimaler Menge in der Sauce (1 Zwiebel oder 2 Schalotten).

Manchmal wird die Zwiebel sogar nur in Wasser gekocht, das dürfte die ärmlichste Variante sein. Zum Abschmecken gibt es immerhin etwas Weinessig.

Sambal bajak
Indonesisches Zwiebel-Sambal

Ein Sambal ist eine dickflüssige, aus Indonesien stammende Würzsauce auf Chili-Basis, die traditionell als Würzbeilage zu Gemüse, Huhn, Fisch und Reis gereicht wird.

2 große Zwiebeln oder 10 Schalotten • 5 Knoblauchzehen • 10 rote Chilis • 1 TL Krabbenpaste • 3 Kemirinüsse • 3 EL Pflanzenöl • Salz • 1 TL brauner Zucker • 1 Tasse dickflüssige Kokosmilch

Dieses Originalrezept können Sie gerne etwas abwandeln: Die verwendeten landestypischen Kemirinüsse sind bei uns schwer zu bekommen, versuchen Sie stattdessen 6–8 enthäutete Mandeln oder Walnüsse, Para- oder Pecannüsse. Die Kemirinuss – falls sie doch irgendwo aufzutreiben ist – darf nicht roh verzehrt werden. Die Schärfe des Sambals lässt sich ebenfalls variieren, das Originalrezept ist sehr scharf. Nehmen Sie einfach weniger Chilis bzw. entkernen Sie diese vorher.

Zwiebeln, Knoblauch, Chilis, Krabbenpaste und Nüsse Ihrer Wahl im Mörser zerreiben oder in der Küchenmaschine zerkleinern, bis eine glatte Paste entsteht. Öl erhitzen und die Gewürzpaste darin einige Minuten anbraten. 1 Prise Salz, den Zucker und die Kokosmilch beifügen und 20 Minuten köcheln lassen. Zum Schluss unter ständigem Rühren noch einmal bei großer Hitze 1 Minute braten. Heiß oder kalt servieren.

Zwiebel-Sambol

Eine vom Wort her dem Sambal ähnliche Würzpaste findet man in Sri Lanka. Sie wird zu jedem Essen gereicht, selbst schon beim Frühstück zu Reismehlküchlein. Die Zutaten unterscheiden sich aber doch sehr vom indonesischen Sambal. Sehr schwierig aufzutreiben sind die Maledivenfischflocken. Man kann sie aber durch Bonito-Flocken (Flocken vom Thunfisch) ersetzen, die Sie im Asia-Laden bekommen, oder auch weglassen. Ich wollte Ihnen das Originalrezept aber nicht vorenthalten.

4 EL Öl • 6–8 Curryblätter • 2 TL Cayennepfeffer • 1–2 TL Chiliflocken • 5 Gewürznelken • 5 grüne Kardamomkapseln (leicht zerstoßen) • 5 cm Zimtstange • 1 TL Maledivenfischflocken • ½ TL braune Senfkörner • ¼ TL gemahlene Kurkuma • 4 große rote Zwiebeln • 1–2 TL Zucker • Meersalz • 1 TL Tamarindenkonzentrat

Öl in einem mittelgroßen, schweren Topf stark erhitzen. Curryblätter, Cayennepfeffer, Chiliflocken, Gewürznelken, Kardamomkapseln, Zimtstange, Fischflocken, Senfkörner und Kurkuma darin etwa 1 Minute unter ständigem Rühren anbraten, bis die Gewürze aromatisch duften. Die geschälten und gehackten Zwiebeln zugeben und mit dem Zucker bestreuen. 1 Minute weiterbraten, bis die Zwiebeln beginnen, weich zu werden. Mit Meersalz und Tamarindenkonzentrat würzen. Den Topf schließen und das Sambol bei mittlerer Hitze 10 Minuten köcheln lassen, dabei gelegentlich umrühren. Zum Schluss die Temperatur noch einmal etwas erhöhen und weiterköcheln, bis die Zwiebeln weich, karamellisiert und goldbraun gefärbt sind. Warm servieren.

EINGELEGTE ZWIEBELN ETC.

Échalotes au caramel

Karamellisierte Schalotten

500 g Schalotten • 2 EL Butter • 2 EL Zucker • 4 EL Portwein • 250 ml Rotwein • 1 EL Balsamico • Salz, Pfeffer

Schalotten schälen. Dann Butter in einer Pfanne zerlassen. Zucker zugeben. Alles leicht braun werden lassen; der Zucker soll karamellisieren. Schalotten im Ganzen beifügen und mit Portwein und Rotwein ablöschen. Bei kleinster Hitze 20 Minuten garen. Dabei die Schalotten immer ein wenig bewegen. Vor dem Servieren mit Balsamico, Salz und Pfeffer abschmecken.

Rote Zwiebeln süß-sauer

6 rote Zwiebeln • 450–500 ml Gemüsefond • ½ TL Dijonsenf • 1 ½ EL Balsamessig • 1 EL Zucker • 2 zerdrückte Knoblauchzehen • 1 Msp. Chiliflocken

Zwiebeln häuten und halbieren, dann längs in 1 cm dicke Scheiben schneiden. Zusammen mit den übrigen Zutaten in eine beschichtete Pfanne geben und bei mittlerer Hitze zugedeckt zum Kochen bringen. Wenn die Mischung zu kochen beginnt, die Hitze reduzieren und 10 Minuten zugedeckt köcheln lassen. Gelegentlich umrühren. Deckel von der Pfanne nehmen. Die Zwiebeln nun unter ständigem Rühren so lange garen lassen, bis sie weich sind, aber noch etwas Biss haben.

Gut als Belag auf Baguette, Crostini, Bruschetta oder zu Steak, Fisch oder Würstchen.

Cebollas al jerez
Perlzwiebeln mit Sherryessig

Ein Tapas-Gericht, das man gut mit Schinken, Oliven, Tomatenbrot etc. kombinieren kann.

500 g Perlzwiebeln (alternativ kleine Schalotten) • 5 EL Olivenöl • 100 ml Sherry (Fino Muy Secco) • 100 ml Sherryessig • ½ Chilischote • 1 TL Honig • 1 Prise getrockneter Thymian • 1 Lorbeerblatt • 2 Gewürznelken • 1 Prise Zucker • Salz, weißer Pfeffer

Perlzwiebeln von den Wurzeln befreien und etwa 2 Minuten in kochendem Wasser blanchieren. Abgießen, kalt abspülen, schälen und trocken tupfen. Das Olivenöl in einer Pfanne erhitzen. Die Zwiebeln darin unter ständigem Rühren goldgelb braten, mit Sherry und Sherryessig ablöschen.

Die Chilischotenhälfte waschen, entkernen und dazugeben. Honig, Thymian, Lorbeerblatt und Nelken hinzufügen. Mit Zucker, Salz und Pfeffer abschmecken. Aufkochen lassen und etwa 8 Minuten bei milder Hitze köcheln lassen. Die Zwiebeln mit der Sauce in eine Schale geben und auskühlen lassen.

Zwiebelsalat

4 Zwiebeln in ganz feine Ringe schneiden, mit Salz bestreuen und etwas durchziehen lassen, dann leicht ausdrücken. Dadurch werden die Zwiebeln milder und aromatischer. Mit wenig Essig und Öl anmachen und nach Bedarf noch etwas Salz und jedenfalls Pfeffer darübergeben. Schmeckt sehr gut auf Roggen- oder Roggenmischbrot, das auch gebuttert sein kann.

Münchner Zwiebelsalat

Wem dieser Zwiebelsalat zu puristisch ist, dem schmeckt eventuell ein *Münchner Zwiebelsalat* besser. Zu den in dünne Scheiben geschnittenen 4 Zwiebeln (kurz blanchiert) gesellen sich noch dünne Streifen von 200 g Leberkäse, 200 g Emmentaler und 4 Gewürzgurken, dazu gibt es eine Salatsauce aus 100 ml Öl, 100 ml Essig, etwas Fleischbrühe, etwas Bier (Helles), 1 TL Honig, 1 TL Majoran und 1 Msp. gemahlenem Kümmel sowie Salz und Pfeffer. Alle Zutaten in einer Schüssel vermengen, mit der Salatsauce begießen und im Kühlschrank 30 Minuten durchziehen lassen. Dann noch mit Schnittlauchröllchen garnieren.

Sizilianischer Orangen-Zwiebel-Salat

Eine leichtere und fruchtigere Variante erhalten Sie mit *Sizilianischem Orangen-Zwiebel-Salat*, wobei Sie 2 Orangen schälen (inklusive der weißen Haut) und in Scheiben schneiden (Saft auffangen!), 1 Fenchelknolle vom Strunk befreien und in dünne Scheiben schneiden (Grün aufbewahren!) und 2 rote Zwiebeln schälen und in dünne Scheiben schneiden. Orangen-, Fenchel- und Zwiebelscheiben auf Tellern anrichten. Gehacktes Fenchelgrün mit ein paar gehackten Rosmarinnadeln, 4 EL Olivenöl, dem aufgefangenen Orangensaft, 2 EL Weißweinessig, Salz und Pfeffer verrühren und über den Salat geben.

ZWIEBELSNACKS

Die USA gelten als Paradies des Fast Food, des schnellen, oft frittierten Happens zwischendurch, und des Barbecues, des geselligen stundenlangen Grillens in trauter Runde. Die Zwiebel spielt in diesen beiden meist fleischlastigen Extremen zwar keine Hauptrolle, aber hat durchaus ihren Platz in Fritteuse und auf dem Grill.

Fried onion rings
Frittierte Zwiebelringe

400 g große Zwiebeln • 300 g Weizenmehl • 1 Päckchen Backpulver • 1 TL Salz • 350 ml Vollmilch • 2 Eier • 125 g Paniermehl • 1 l Pflanzenöl

Zwiebeln schälen, in 2 cm dicke Scheiben schneiden und in eine große Schüssel geben. Das Mehl darübersieben und alles gut vermengen, bis die Zwiebeln gleichmäßig umhüllt sind. Dabei zerfallen die Scheiben in einzelne Ringe. Die Zwiebelringe aus dem Mehl nehmen, überschüssiges Mehl abklopfen und die Ringe beiseitestellen. Zu dem verbliebenen Mehl in der Schüssel nun Backpulver, Salz, Milch und Eier geben und mit dem Handrührgerät zu einer gleichmäßigen Masse verrühren. Auf einen Teller daneben das Paniermehl geben. Nun die einzelnen Zwiebelringe in die Teigmasse tauchen, im Paniermehl wenden und auf eine ausreichend große Platte nebeneinanderlegen.

Das Öl in der Zwischenzeit in einem tiefen Topf oder der Fritteuse auf 180 °C erhitzen. Wenn eine eingetauchte kleine Zwiebelscheibe Bläschen bildet, ist es heiß genug. Die Zwiebelringe portionsweise im Öl 2–4 Minuten frittieren, mit einem Schaumlöffel herausheben und auf Küchenpapier abtropfen lassen. Leicht salzen und sofort servieren.

Grilled red onions
Gegrillte rote Zwiebeln

Fürs Grillen im Freien über Holzkohle kann man mindestens drei Arten der Handhabung der Zwiebeln unterscheiden. Entweder macht man es sich mit einer Grillschale oder Alufolie einfach, dann ist es egal, in welcher Form die Zwiebeln zurechtgeschnitten werden, ob als Hälften, Viertel oder Scheiben. Sollen die Zwiebeln direkt auf den Grillrost, dann sollte man sie entweder halbieren und beim Abziehen der äußeren papierenen Hülle Wurzel- und Triebende stehen lassen, damit die Hälften nicht auseinanderfallen. Oder man steckt die Zwiebelstücke bzw. -scheiben auf flache Metallspieße. So machen wir es nun:

2 große rote Zwiebeln • 4 flache Metallspieße (etwa 35 cm lang) • 3 EL Olivenöl • 2 EL Balsamicoessig • Salz, Pfeffer • 1 TL frische Thymianblättchen

Wurzel- und Triebende der Zwiebeln abschneiden, papierene Außenhülle abziehen und die Zwiebeln in 1,5 cm dicke Scheiben schneiden und in ihrer ganzen Breite auf die Metallspieße stecken, sodass die Zwiebelscheiben durch die Spieße gehalten nebeneinander auf dem Grill liegen werden. Die Zwiebelscheiben von beiden Seiten mit Öl bepinseln und mit Essig beträufeln. Salzen und pfeffern. Jede Seite über mittlerer Hitze 5 Minuten grillen, bis sie etwas dunkler und zart sind. Mit dem restlichen Essig und Öl beträufeln und den Thymianblättchen bestreuen. Heiß servieren.

Muskogee wild onions bean cakes

Für 12 Stück

Das Grillen über offenem Feuer gehörte schon bei den Indianern zu den üblichen Zubereitungsarten. Sie sammelten viele essbare Pflanzen in der Natur, so galten z. B. auch wilde Frühjahrszwiebeln *(Allium tricoccum)* als Delikatesse. Bis in die 50er Jahre des 20. Jahrhunderts veranstalteten etwa die Muskogee aus dem Südosten der USA ein Wild Onion Dinner, u. a. mit Wildzwiebelomelette. Heutzutage bekommen wir keine wilden Zwiebeln und behelfen uns mit Frühlingszwiebeln aus dem Anbau.

250 g getrocknete schwarze Bohnen • 2 Frühlingszwiebeln • 1 TL Salz • 180 ml Milch oder Wasser • 2 Eier • 180 g Maismehl • 2 EL Öl

Die Bohnen über Nacht in kaltem Wasser einweichen, abspülen und mit frischem Wasser bedeckt bei mittlerer Hitze etwa 1,5 Stunden weich kochen. Abgießen. Zwiebeln in feine Ringe schneiden. In einer großen Schüssel Salz, Milch bzw. Wasser und Eier verquirlen, das Maismehl einrühren, Bohnen und Zwiebeln hinzufügen. Aus der Masse 12 flache Laibchen formen. Das Öl in einer schweren Pfanne erhitzen und die Laibchen darin beidseits goldgelb braten.

Zwiebel-Pakoras

Pakoras werden mit allerlei Gemüsestücken im gewürzten Ausbackteig mit Kichererbsenmehl frittiert. Zwiebel-Pakoras sind besonders beliebt, in manchen Regionen heißen sie auch Zwiebel-Bhajia. Besonders der Phunjab in Nordindien gilt als Heimat der Pakoras. Hier ein Rezept für einen recht einfach gewürzten Ausbackteig, später können Sie gerne mit der indischen Gewürzvielfalt experimentieren.

230 g Kichererbsenmehl • 1 EL Backpulver • ½ TL Salz • 1 TL gemahlener Kreuzkümmel • 250 g Zwiebeln in Scheiben (am besten milde rote) • Pflanzenöl zum Frittieren

Kichererbsenmehl mit Backpulver, Salz und Kreuzkümmel vermischen und so viel Wasser einrühren, dass ein dickflüssiger Teig entsteht. Die Zwiebelscheiben dazugeben. Das Öl auf 200 °C erhitzen und die mit Teig überzogenen Zwiebelscheiben schwimmend ausbacken. Heiß pur oder mit einem Chutney genießen.

ZWIEBELBROT, -KUCHEN ETC.

Crostini con cipolle
Crostini mit Zwiebeln

4 weiße Zwiebeln etwa gleicher Größe • schwarzer Pfeffer • 8 Scheiben toskanisches (ungesalzenes) Weißbrot • 4 EL Blütenhonig • 100 g Pecorino

Die papierene Hülle der Zwiebeln entfernen und Letztere auf ein Backblech legen. Mit Alufolie bedecken und 45 Minuten bei 180 °C im Ofen backen. Wenn sie weich sind, aus dem Ofen nehmen und noch einmal die äußerste Haut entfernen. Dann die Zwiebeln in nicht zu kleine Stückchen schneiden. Auf einen Teller legen und mit dem Pfeffer bestreuen. In der Zwischenzeit die Brotscheiben im noch warmen Ofen leicht anrösten, herausnehmen und je eine Scheibe mit ½ EL Honig bestreichen. Darauf die Zwiebeln und den Pecorino in dünnen Spänen verteilen. Lauwarm servieren.

Zwiebelplatz
Schwäbischer Zwiebelkuchen

In vielen Weinbaugebieten gibt es Rezepte für Zwiebelkuchen, der passend zur Weinlese mit Federweißer (umgangssprachlich auch Rauscher, Sauser oder Brauser), dem noch gärenden Traubensaft bei etwa 5 % Alkoholgehalt, oder ganz jungem Wein genossen wird. Ob nun aus der Pfalz, Franken, Baden, Schwaben oder auch dem Elsass, aus Österreich oder der Schweiz (da heißt er Zwiebelwähe), die Rezepte ähneln einander sehr, meist wird ein Hefe- oder ein Mürbeteig verwendet, zu den Zwiebeln gesellen sich in der Regel Speckwürfel, die Zwiebeln werden fast immer vorab weich gedünstet (Ausnahmen findet man in Sachsen, da kommen sie roh auf den Kuchen) und mit einer Mischung aus Saurer Sahne/Eiern sowie teilweise Kümmel (zur besseren Verdauung) begossen. Hier also ein schwäbisches Rezept für 1 Backblech Zwiebelplatz von 36 x 40 cm:

250 g Mehl • ½ Würfel Hefe • 1 Prise Zucker • 125 ml lauwarmes Wasser • 1 Ei • 50 g zimmerwarme Butter • Mehl zum Bearbeiten

1 kg Zwiebeln • 100 g Bauchspeck • 5 EL Sonnenblumenöl • 200 g Schmand (saure Sahne mit 20 % Fettanteil) • 1 Ei • Salz, Pfeffer • 1 TL Kümmel

Für den Teig das Mehl in eine Schüssel sieben und in die Mitte eine Vertiefung drücken. Hefe hineinbröckeln und mit dem Zucker bestreuen. Etwas lauwarmes Wasser angießen und die Hefe mit etwas Mehl und dem Wasser verrühren. Diesen Vorteig zugedeckt etwa 15 Minuten gehen lassen.

Das Ei, die Butter und das restliche lauwarme Wasser zum Vorteig geben und alles zu einem geschmeidigen Teig verkneten. Teig erneut 30 Minuten gehen lassen.

In der Zwischenzeit die Zwiebeln schälen, halbieren und in Scheiben schneiden. Den Speck von Schwarte und Knorpeln befreien und klein würfeln. Die Speckwürfel in einer Pfanne ohne Fett rösten, herausnehmen und beiseitestellen. Das Öl in der Pfanne erhitzen, die Zwiebeln darin weich dünsten und zu den Speckwürfeln geben.

Den Backofen auf 200 °C vorheizen. Den Teig auf wenig Mehl in der Größe des Blechs ausrollen. Das Backblech mit Backpapier auslegen und den Teig darauflegen. Zwiebeln und Speck mit Schmand und Ei mischen und mit Salz, Pfeffer und Kümmel würzen. Die Mischung auf dem Teigboden verteilen. Den Kuchen auf mittlerer Schiene etwa 45 Minuten backen. Noch warm servieren.

Für einen Zwiebelkuchen der schwäbischen Bodensee-Insel Reichenau lässt sich auch gut die rote Höri-Bülle, die Zwiebel von der Bodensee-Halbinsel Höri, verwenden. Ebenfalls erwähnt werden sollte unbedingt der im schwäbischen Günzkreis beliebte Zwiebelplatz, der mit dem Grün frischer Frühlingszwiebeln belegt wird. Im benachbarten Hohenlohe (teils Baden-Württemberg, teils Franken) heißt der Zwiebelkuchen übrigens Zwiebel-Blotz oder -Blootz und in Franken dann Zwiebel-Plotz oder -Plootz – fließende Sprachverschiebung am Beispiel Zwiebelkuchen.

Pissaladière

Zwiebelkuchen aus der Provence

Ein Rezept für den berühmten Zwiebelkuchen aus der Provence darf nicht fehlen, die mediterrane Lage sorgt für etwas variierende Zutaten, zumindest ohne Zwiebeln und Sardellenfilets ist die Pissaladière nicht denkbar. Für ein wenig mehr Abwechslung lassen sich nach Geschmack wahlweise noch schwarze Oliven, Tomatenscheiben und Kapern hinzufügen, aber möglichst dezent in der Menge. Zutaten wieder wie beim schwäbischen Zwiebelkuchen für 1 Backblech:

250 g Mehl • 1 TL Salz • ½ Würfel Hefe • etwa 150 ml lauwarmes Wasser • 50 ml Olivenöl
1 kg Zwiebeln • 1–2 Knoblauchzehen • Olivenöl • 1 EL bzw. 3 Zweige Thymian • 1 Lorbeerblatt • Salz, Pfeffer • Sardellenfilets (nach Geschmack 3–10) • nach Geschmack noch Tomatenscheiben von 1–2 Tomaten • 1 Handvoll schwarze Oliven und/oder 1 EL Kapern

Für den Hefeteig Mehl und Salz in einer Schüssel mischen, die Hefe mit einem Teil des lauwarmen Wassers anrühren und zum Mehl geben. Das restliche lauwarme Wasser und das Olivenöl ebenfalls zum Teig geben, und alles zu einem glatten, glänzenden Teig kneten, der zugedeckt an einem warmen Ort etwa 45 Minuten ruhen soll.

In der Zwischenzeit den Backofen auf 200 °C vorheizen. Die Zwiebeln in Ringe, den Knoblauch in feine Scheiben schneiden und in Olivenöl auf kleiner Flamme zugedeckt weich dünsten, bis der Teig fertig ist. Thymian und Lorbeer direkt in den ersten Minuten mit in Pfanne oder Topf geben, zum Schluss salzen und pfeffern.

Den Teig rechteckig auf die Größe eines Backblechs ausrollen (etwa ½ cm dick), darauf die weich gedünstete Zwiebelmasse verteilen, nachdem das Lorbeerblatt und eventuelle Thymianzweige entfernt wurden. Die Zwiebelmasse mit den Sardellenfilets belegen (in Salz eingelegte Sardellen frühzeitig vorher wässern bzw. in Milch einlegen, um sie zu entsalzen, ein halber Tag bietet sich an), nach Geschmack noch mit Tomatenscheiben, schwarzen Oliven und/oder Kapern.

Im vorgeheizten Ofen im unteren Drittel etwa 35–40 Minuten fertig backen. Schmeckt heiß oder auch lauwarm.

Calzone di cipolle

Von der Pissaladière der Provence ist es nicht weit bis zur italienischen Zwiebelpizza, die es auch als geschlossene Teigtasche, als Calzone gibt. Das folgende apulische Rezept enthält auch Sardellenfilets, somit ist der Bezug zur Pissaladière noch offensichtlicher. Die Calzone di cipolle wird in Apulien meist an kirchlichen Tagen des Fastens wie Karfreitag, Heiligabend (festlich geschmaust wird erst am ersten Weihnachtstag, was ein wenig in Vergessenheit geraten ist) oder in der Fastenzeit an sich gegessen.

½ Würfel Hefe • 90 ml lauwarmes Wasser • 200 g Mehl • Salz • 6 EL Olivenöl • 400 g Zwiebeln • 40 g grüne Oliven • 50 ml Tomaten-Passata • Pfeffer • 25 g Parmesan • 30 g Scamorza bianca • 3 Sardellenfilets

Hefe in ein Schälchen zerbröseln und mit 3 EL lauwarmem Wasser auflösen. Mehl und Salz in eine Schüssel geben, in der Mitte des Mehls eine Mulde formen und die Hefe hineingießen. Mit dem Handrührgerät mit Knethaken unter tröpfchenweisem Hinzugeben von zunächst 4 EL Öl, dann des restlichen lauwarmen Wassers das Mehl zu einem Teig verarbeiten, der so trocken ist, dass er gerade nicht mehr klebt. Die Teigkugel in einer Schüssel mit einem Handtuch bedecken und ca. 2 Stunden gehen lassen, bis das Volumen sich verdoppelt hat.

Zwischenzeitlich die Zwiebeln schälen und grob in halbierte Ringe schneiden und die entsteinten Oliven halbieren. In einem Topf 2 EL Öl erhitzen und die Zwiebeln kurz glasig dünsten. Tomaten-Passata und ca. 100 ml Wasser an die Zwiebeln gießen, salzen und pfeffern und zugedeckt 15 Minuten bei niedriger Temperatur köcheln lassen. Nach Ablauf der 15 Minuten die Oliven hinzufügen und weitere 15 Minuten köcheln. Nach insgesamt 30 Minuten die Zwiebeln vom Herd nehmen, noch vorhandene Flüssigkeit durch ein Sieb abgießen. Zwiebeln etwas erkalten lassen. Parmesan reiben und Scamorza in kleine Würfel schneiden.

Den Backofen auf 200 °C vorheizen. Den Teig in zwei fast gleich große Stücke schneiden. Die kleinere Teighälfte möglichst rund (20 cm Durchmesser) ausrollen, die größere Teighälfte ebenfalls rund ausrollen (24 cm Durchmesser). Die Zwiebeln mit dem Käse vermengen und mittig auf den größeren Teigkreis geben. Die Sardellenfilets auf den Zwiebeln verteilen. Mit dem kleineren Kreis abdecken und den unteren Teigkreis so nach innen aufrollen, dass der Teig allseitig gut geschlossen ist. Mit der Gabel oben ein paar Mal einstechen und dann im vorgeheizten Ofen ca. 30 Minuten backen, bis die Calzone schön kross und leicht braun ist. Nach Geschmack heiß oder lauwarm servieren.

Maultaschen mit geschmälzten Zwiebeln

Tasche ist nicht gleich Tasche und die Zwiebel kann mal drinnen versteckt sein oder außen zur dekorativen und geschmacklichen Vervollkommnung dienen (oder auch beides wie bei diesen Maultaschen). Bei der Calzone (vorhergehendes Rezept) steckte die Zwiebel in einem Pizzateig, bei den schwäbischen Maultaschen ist es ein Nudelteig. Es ging ursprünglich auch nicht ums Verbergen der Zwiebel (warum auch), sondern darum, dass Mönche des Klosters Maulbronn in der fleischlosen Fastenzeit doch gerne etwas Fleisch essen wollten und dieses klein gehackt zwischen den anderen Zutaten der Maultaschenfüllung »versteckten«. Beim Mehl sollte man eher italienisches Hartweizenmehl statt unser hiesiges Haus-und-Hof-Haushaltsmehl verwenden.

Teig: 250 g Hartweizenmehl • 3 Eier • 1 TL Öl • 1 Prise Salz
Füllung: 70 ml Milch • 1 nicht zu altbackenes Brötchen • 2 Zwiebeln • 500 g frischer Spinat (geputzt) • Butterschmalz • 250 g fettes Schweinehack • 2 Eier • Salz, Pfeffer • 1 Prise Muskat • ½ TL Majoran
Garnitur: 2 Zwiebeln • 3 EL Butter

Für den Teig das Mehl in eine Schüssel geben und in der Mitte eine Mulde eindrücken. Eier, Öl und Salz in die Mulde geben und alles zu einem Teig kneten. Ist er zu trocken, etwas Wasser zugeben, wenn er zu feucht ist, noch etwas Mehl. Den Teig in Frischhaltefolie einpacken und 30 Minuten im Kühlschrank ruhen lassen.

Für die Füllung die Milch in einem Topf erwärmen. Brötchen in Scheiben schneiden, in eine Schüssel geben, mit der heißen Milch begießen und einweichen (Schüssel am besten abdecken). Zwiebeln schälen und fein schneiden. Spinat waschen, trocken schütteln und grob hacken. Das Butterschmalz in einer Pfanne erhitzen und die Zwiebeln darin anschwitzen. Spinat zugeben und kurz mit anschwitzen. Zwiebeln und Spinat zu den eingeweichten Brötchen geben. Hack und 1 Ei hinzufügen. Mit Pfeffer, Salz, Muskat und Majoran würzen und alles gut vermengen, damit die Füllung eine gute Bindung bekommt. Das zweite Ei separat verquirlen.

Mit einer Nudelmaschine oder einem Nudelholz den Teig in einer länglichen, möglichst rechteckigen Bahn dünn ausrollen. Auf die eine Längsseite der Teigbahn im Abstand von 1 cm je 1 gehäuften TL Füllung setzen und platt andrücken, die Teigränder dazwischen mit dem verquirlten Ei bestreichen. Dann die andere Längsseite der Teigbahn über die erste klappen und um die Füllungshäufchen festdrücken. Mit einem Messer oder Teigrädchen die Maultaschen voneinander trennen. Die Maultaschen in einem großen Topf in leicht köchelndem

Salzwasser etwa 8 Minuten ziehen lassen, herausnehmen und abtropfen. Das Kochwasser stehenlassen.

Die beiden Zwiebeln schälen, in dünne Ringe schneiden und in einer Pfanne in der geschmolzenen Butter goldbraun anbraten. Maultaschen noch einmal kurz im heißen Kochwasser erwärmen, auf vorgewärmte Teller geben und mit den Röstzwiebeln belegen.

Zwiebelbrot

3 große Zwiebeln • 100 g durchwachsener Bauchspeck • Olivenöl • 750 g Weizenmehl (Type 405, in Österreich 480) • 320 ml warmes Wasser • 1 Würfel frische Hefe (42 g) • 1 TL Meersalz • 1 TL Kümmel (nach Wunsch)

Zwiebeln schälen und grob würfeln, Bauchspeck fein würfeln. In einer Pfanne Zwiebelwürfel in etwas Öl braten, bis sie gebräunt sind, dann die Speckwürfel dazugeben und 1 Minute mit anschwitzen. Etwas abkühlen lassen.

Aus Mehl, warmem Wasser, Salz, Hefe, Zwiebeln und Speck einen geschmeidigen Teig herstellen und 45 Minuten an einem warmen Ort gehen lassen, bis sich das Volumen verdoppelt hat. Teig noch einmal kurz durchkneten (abschlagen). Ein Backblech mit Backpapier auslegen und leicht bemehlen. Den Teig daraufgeben und noch einmal 45 Minuten gehen lassen.

Den Ofen auf 220 °C vorheizen, eine feuerfeste Schale mit Wasser auf die unterste Einschubleiste stellen und die Ofenwände aus einer Sprühflasche mit Wasser besprühen. Den Brotteig mit Olivenöl bestreichen und auf der mittleren Einschubleiste in den Ofen geben. 45–60 Minuten backen. Die Hitze nach 10 Minuten auf 200 °C reduzieren. Das Brot muss nach dem Backen hohl klingen, wenn man von unten dagegenklopft.

Nach Wunsch kann man beim Anbraten der Zwiebeln Kümmel dazugeben.

GEFÜLLTE ZWIEBELN

Les farcis à la provençale

Gefüllte Gemüse provenzalisch

Diese gefüllten Gemüse (u. a. Paprika, Aubergine, Zucchini, Tomate) gibt es in der Provence und an der Côte d'Azur im Sommer nach der Ernte überall in zahllosen Varianten, beliebt sind sie auch als Reste-Essen, da wird das Gemüse dann mit den Resten des Vortags gefüllt. Wir nehmen uns der Zwiebel an, ob rot, weiß oder gelb oder bunt gemischt, ist Ihre Entscheidung.

1 Knoblauchzehe • 4 möglichst gleich große Zwiebeln • 30 g Reis • 30 g magerer Speck oder Schinken • 50 g geriebener Parmesan • 1 Ei • Salz, Pfeffer • geriebene Brotkruste • Olivenöl

Knoblauchzehe und Zwiebeln schälen, die Zwiebeln so, dass das Wurzelende nur knapp abgekappt wird (das ist später die Standfläche) und am Triebende ein etwas größerer Deckel abgeschnitten wird (durch diese Öffnung wird die Zwiebel später ausgehöhlt). Knoblauchzehe und Zwiebeln 10 Minuten im sprudelnden Wasser kochen.

Zwiebeln abtropfen und aushöhlen bis auf die äußeren zwei dicken Schalen. Den ausgehöhlten Rest beiseitestellen.

Reis ca. 20 Minuten kochen. Abtropfen und in eine Schüssel geben. Den Backofen auf 150 °C vorheizen. Das Zwiebelinnere und die Knoblauchzehe hacken, Speck oder Schinken fein würfeln. Mit Parmesan und dem verquirlten Ei zum Reis geben und alles vermengen. Mit Salz und Pfeffer abschmecken.

Füllung in die Zwiebeln geben und diese in eine eingeölte feuerfeste Backform setzen. Mit geriebener Brotkruste bestreuen und mit etwas Olivenöl benetzen. Im vorgeheizten Ofen 30 Minuten backen.

Heiß als Beilage zu Lammkoteletts oder kalt als leichte sommerliche Vorspeise.

Cebollas rellenas de atún
Zwiebeln mit Thunfischfüllung

8 mittelgroße Zwiebeln • Salz • 1 Knoblauchzehe • 2 Tomaten • 250 g Thunfisch in Olivenöl (Dose) • etwas Mehl • ¼ l Gemüsebrühe • ¼ l trockener Weißwein • Zimt • Pfeffer • Petersilie

Die Zwiebeln schälen, sodass das Wurzelende nur knapp abgekappt wird (das ist später die Standfläche) und am Triebende ein etwas größerer Deckel abgeschnitten wird (durch diese Öffnung wird die Zwiebel später ausgehöhlt), und 30 Minuten in kochendem Salzwasser garen. Herausnehmen, abkühlen lassen und bis auf die 2–3 äußersten Schalen aushöhlen.

Herausgeschnittenen Zwiebelinhalt sowie Knoblauch klein hacken, beides in einer Pfanne goldgelb anbraten. 1 EL davon beiseitestellen. Tomaten häuten (z. B. mit einem Gemüseschäler) und klein hacken, zusammen mit dem abgetropften zerkleinerten Thunfisch in die Pfanne geben und 5 Minuten köcheln lassen. Zwiebeln mit der Mischung füllen und aufrecht in einen Schmortopf stellen.

Restliche Knoblauch-Zwiebel-Mischung in derselben Pfanne erhitzen, mit etwas Mehl bestäuben und leicht bräunen. Unter Rühren mit Gemüsebrühe und Wein ablöschen, Zimt zugeben, mit Salz und Pfeffer abschmecken und über die Zwiebeln geben. Zugedeckt bei kleiner Hitze ca. 10 Minuten schmoren. Mit klein gehackter Petersilie bestreuen.

Basal mahschi

Gefüllte Zwiebeln aus Saudi-Arabien

2 EL Tamarindenmark • 8 Gemüsezwiebeln • 3 EL Butterschmalz • 500 g Lammhack • 125 g Langkornreis • 1 gemahlener TL Koriander • ½ TL Pfeffer • ½ TL Zimt • ¼ TL frisch geriebene Muskatnuss • Salz • 2 EL Tomatenmark

Tamarindenmark in ½ l Wasser 1 Stunde einweichen. Dann durch ein Sieb drücken, damit das Mark von Kernen und Fasern getrennt wird. Das Tamarindenwasser beiseitestellen.

Zwiebeln schälen, sodass das Wurzelende nur knapp abgekappt wird (das ist die Standfläche) und am Triebende ein etwas größerer Deckel abgeschnitten wird. Zwiebeln mit einem Kugelausstecher vorsichtig bis auf die äußeren 2–3 Schalen aushöhlen.

Das Butterschmalz in einem Topf erhitzen und das Hackfleisch unter ständigem Rühren 5 Minuten anbraten. Reis, Gewürze und Salz hinzufügen und kurz weiterrühren.

Tomatenmark in einer Tasse warmem Wasser verrühren, in den Topf gießen und 5 Minuten köcheln lassen.

Die Zwiebeln mit der Fleisch-Reis-Masse füllen und mit der Öffnung nach oben in einen großen, flachen Topf setzen. Das Tamarindenwasser zwischen die Zwiebeln gießen und den Topf mit dem Deckel schließen.

Zum Kochen bringen und auf kleiner Flamme 40 Minuten köcheln lassen. Falls nötig, Wasser nachgießen.

ZWIEBELSUPPEN

Bornaer Zwiebelsuppe

Nicht nur in Weimar wird die Zwiebel mit einem jährlichen Markt geehrt, auch im sächsischen Borna gibt es das Zwiebelfest zu Ehren der bekannten Bornaer Zwiebel, die ab Ende des 19. Jahrhunderts aufgrund der guten Anbindung an die Eisenbahn sogar bis England exportiert wurde. Aber bereits im Mittelalter hatte die Zwiebel in der Region eine besondere Bedeutung: So war es Brauch, in der Neujahrsnacht zwölf Zwiebeln, die je einen der kommenden Monate darstellen sollten, mit Salz zu bestreuen. So zog man Schlüsse auf die kommende Witterung: Zwiebeln, deren Schale bis zum nächsten Morgen trocken blieb, weissagten einen trockenen Monat, feuchte Schalen wiesen auf viel Regen hin. Ebenso zu Zeiten des Mittelalters war es üblich, drei weiße Zwiebeln im Stall aufzuhängen, um das von Hexen ausgehende Unheil vom eigenen Vieh fernzuhalten. Dass die Stadt ganz im Zeichen der Zwiebel steht, erkennt man auch an diversen kulinarischen und kulturellen »Erfindungen«, wie etwa einem Feingebäck mit Mokkafüllung, das »Bornaer Zwiebel« genannt wird, oder der »Bornaer Zwiebelkantate« des Komponisten Siegfried Bethmann.

Am bekanntesten ist aber die Zwiebelsuppe.

500 g Kartoffeln • 1 ½ l Fleisch- oder Gemüsebrühe • Kümmel • Salz • 50 g Butter • 30 g gewürfelter Speck • 400 g Zwiebeln in Scheiben • Mehl • 2 geriebene Äpfel • frisch geriebener Meerrettich • 200 ml Sahne

Kartoffeln schälen und gewürfelt in der Brühe ca. 10–15 Minuten kochen, sodass die Würfel noch Biss haben. Kümmel und Salz zufügen. In der Butter Speck und

Zwiebelscheiben dünsten. Nach Belieben etwas Mehl darüberstreuen und alles zu den Kartoffeln geben.

Geriebene Äpfel, Meerrettich und Salz in der Sahne verrühren und die Suppe zum Schluss damit abschmecken.

Soupe à l'oignon »Au Pied de Cochon«

Für 6 Personen

Dies ist wohl die bekannteste Zwiebelsuppe der Pariser Markthallen *Les Halles* aus der rund um die Uhr geöffneten Brasserie »Au Pied de Cochon«, besonders mild und leicht durch die verwendeten Zwiebeln und das lange Schmoren im Ofen. Am liebsten essen die Pariser die Suppe nach durchzechter Nacht zwischen Mitternacht und Morgengrauen als Stärkung. Früher gab es eine kärglichere Variante ohne Brühe und mit weniger Wein als Arme-Leute-Essen.

500 g weiße Gemüsezwiebeln • ½ l trockener Weißwein (Muscadet) • 2 EL Butter • 1 ½ l ungesalzene Hühnerbrühe • Salz, Pfeffer • 6 Scheiben Baguette • 150 g frisch geriebener Gruyère

Den Backofen auf 220 °C vorheizen. Zwiebeln schälen und in dünne Scheiben schneiden. Zwiebeln, Wein und Butter auf ein Backblech geben, nicht abdecken und im Ofen etwa 45 Minuten schmoren, bis die Zwiebeln sehr weich sind und fast die gesamte Flüssigkeit verdampft ist. Inzwischen die Brühe in einem großen Topf zum Köcheln bringen. Die Zwiebeln auf 6 ofenfeste Suppentassen verteilen, und die Brühe gleichmäßig verteilt aufgießen. Den Backofen auf Grillstufe schalten. Die Suppentassen mit je 1 Scheibe Baguette belegen, mit Käse überstreuen und im Ofen 2–3 Minuten grillen, bis der Käse leicht bräunt und schmilzt. Sofort servieren.

Eschkeneh

Iranische Zwiebelsuppe

3 Zwiebeln • 6 EL Olivenöl • 1 EL Mehl • 1 TL Kurkuma • ½ TL gemörserter Bockshornklee • 3 Kartoffeln • 1 l Wasser • 1 Zitrone • Salz, Pfeffer • 1 TL Zucker • 2 Eier

Zwiebeln schälen, eine davon in dünne Scheiben schneiden, die beiden anderen fein hacken. Olivenöl in einem Topf erhitzen und die Zwiebelscheiben bei mittlerer Hitze 7 Minuten dünsten. Zwiebelscheiben mit einem Schaumlöffel herausheben und beiseitestellen.

Die gehackten Zwiebeln im gleichen Topf 5 Minuten glasig andünsten. Mehl, Kurkuma und Bockshornklee dazugeben und etwa 3 Minuten unter Rühren mitdünsten.

Kartoffeln waschen, schälen, vierteln und in den Topf zu den Zwiebeln geben. Wasser angießen, aufkochen lassen und etwa 20 Minuten bei schwacher Hitze köcheln lassen. Zitrone auspressen und den Saft in den Topf geben. Suppe mit Salz, Pfeffer und Zucker abschmecken und weitere 15 Minuten köcheln lassen.

Eier in einer Schüssel verquirlen, leicht salzen und langsam in die Suppe gießen. Nach kurzer Zeit stockt das Ei und die Suppe ist fertig. Auf jede Portion 2–3 Zwiebelringe geben.

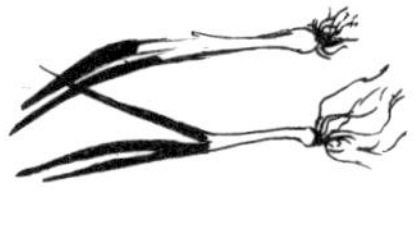

Glasmästarsill
Schwedischer Glasbläserhering

4 Salzheringe • 150 ml Weinessig • 150 ml Wasser • 60 g Zucker • 4 rote Zwiebeln • 1 Karotte • 2 Lorbeerblätter • 1 Stück frischer Ingwer • 1 Stück frischer Meerrettich • 2 TL Senfkörner • 6 Pimentkörner • 6 Korianderkörner

Salzheringe filetieren und über Nacht wässern. Essig, Wasser und Zucker etwa 20 Minuten kochen, dann abkühlen lassen. Zwiebeln und Karotte in dünne Scheiben schneiden. Heringsfilets in etwa 3 cm breite Stücke schneiden und mit dem Gemüse und den Gewürzen schichtweise in ein Glasgefäß füllen. Mit Marinade begießen, bis die Heringe bedeckt sind. Gut verschlossen im Kühlschrank 2–3 Tage marinieren.

Siyadiyeh
Würziger Fisch mit Reis aus dem Libanon

Saft von 1 Zitrone • 5 EL Öl • 900 g Kabeljausteak • 50 g Pinienkerne • 5 große Zwiebeln • 1 TL Kreuzkümmelpulver • 2–3 Safranfäden • Salz, Pfeffer • 1 l Fischbrühe • 450 g Langkornreis • Petersilie

Zitronensaft mit 1 EL Öl in einer tiefen Form vermischen, den Fisch dazugeben und in der Marinade wenden, bis er vollständig benetzt ist. Zugedeckt 30 Minuten marinieren. Pinienkerne in einer Pfanne ohne Fett anrösten, dann beiseitestellen. 1 Zwiebel in Ringe schneiden, die restlichen klein hacken. In der Pfanne nun die in Ringe geschnittene Zwiebel in 2 EL Öl braun anrösten, beiseitestellen.

In einem großen Topf 2 EL Öl erhitzen und die 4 klein gehackten Zwiebeln 5–6 Minuten anbraten. Ab und zu umrühren, damit sie nicht braun werden. Den Fisch abtropfen lassen und die Marinade aufheben. Den Fisch in den Topf geben und auf jeder Seite 1–2 Minuten braten. Kreuzkümmel, Safran, etwas Salz und Pfeffer dazugeben. Fischbrühe und Marinade angießen, aufkochen und 5–10 Minuten köcheln lassen, bis der Fisch fast gar ist. Fisch herausheben und beiseitestellen. Reis in die Brühe rühren, aufkochen lassen und dann 15 Minuten bei geringer Hitze sanft köcheln, bis der Reis gar ist und fast die gesamte Flüssigkeit aufgesogen hat. Den Fisch zurück in den Topf geben, zudecken und noch einmal 10–15 Minuten schmoren. Reis auf einer Servierplatte mit dem Fisch darauf servieren. Mit den Pinienkernen und den gerösteten Zwiebelringen sowie Petersilie garnieren.

Poulet sauté aux échalotes
Sautiertes Hähnchen mit Schalotten

Das Gericht erinnert an »Huhn mit 40 Knoblauchzehen«, ob es hier auch 40 Schalotten sein werden, liegt letztendlich an Ihnen oder der Größe der verwendeten Schalotten.

500 g Schalotten • 3 Knoblauchzehen • 4 Tomaten • 1 Huhn von etwa 2 kg • Salz, Pfeffer • 3 EL Olivenöl • 1 EL Butter • 2 EL Cognac • gekochter Reis • 1 Handvoll gehackte Petersilie

Die Schalotten und den Knoblauch schälen. Die Tomaten mit einem Gemüseschäler häuten, entkernen, hacken und beiseitestellen. Das Huhn waschen, trocken tupfen und in 8 Stücke zerteilen. Mit reichlich Salz und Pfeffer würzen. Öl und Butter in einer großen, tiefen Pfanne (30 cm Durchmesser oder mehr) auf höchster Stufe erhitzen. Die Hühnerteile in das heiße Fett geben und ca.

5 Minuten auf einer Seite goldbraun braten. Die Hühnerteile müssen nebeneinanderliegen – wenn die Pfanne zu klein ist, in mehreren Durchgängen arbeiten. Hitze so regulieren, dass das Huhn nicht verbrennt. Die Stücke wenden und ebenfalls 5 Minuten braten. Hitze auf mittlere Stufe zurückdrehen. Schalotten und Knoblauch dazugeben und umrühren. Die Hühnerteile in der jetzt zugedeckten Pfanne etwa 20 Minuten sautieren, bis die Schalotten weich und braun sind. Dabei die Pfanne immer wieder rütteln, aber den Deckel nicht abnehmen. Den Cognac in einem kleinen Topf auf mittlerer Stufe ganz kurz erhitzen. Mit einem Streichholz anzünden und das Huhn in der offenen Pfanne damit flambieren. Die Pfanne so lange rütteln, bis die Flammen erlöschen. Das Ganze weitere 2–3 Minuten sautieren und die Pfanne dabei rütteln. Tomaten in die Pfanne geben und unterrühren. Weitere 5 Minuten köcheln lassen, bis die Sauce eingedickt ist. Zum Servieren eine große warme Platte mit heißem gekochtem Reis auslegen, mit der Sauce aus der Pfanne beträufeln und die Hühnerteile darauflegen. Mit Petersilie bestreut sofort servieren.

Kunéli Stifádo

Kretisches Kaninchenragout mit Zwiebeln

750 g Kaninchenfleisch (ohne Knochen) • 2 Lorbeerblätter • 2 Gewürznelken • ½ Zimtstange • 375 ml trockener Rotwein • 2 reife Fleischtomaten • 750 g Schalotten (ersatzweise kleine Zwiebelchen) • 4 Knoblauchzehen • 5 EL kretisches Olivenöl • Salz, Pfeffer • 1 Prise frisch geriebene Muskatnuss • 1 Prise Zucker • 2–3 TL Rotweinessig

Am Vortag das Fleisch waschen, trocken tupfen, von überschüssigem Fett und Sehnen befreien und in 3 cm große Würfel schneiden. Mit Lorbeer, Gewürznelken und Zimt in eine Schüssel geben und mit dem Rotwein übergießen. Zugedeckt im Kühlschrank über Nacht marinieren.

Am nächsten Tag die Tomaten kreuzweise einritzen und für einige Sekunden in kochendes Wasser legen. Herausnehmen, häuten, von Stielansatz und Kernen befreien und grob würfeln. Schalotten und Knoblauch schälen, den Knoblauch in Stifte schneiden.

Fleischwürfel aus der Marinade nehmen, gut abtropfen lassen und mit Küchenpapier trocken tupfen, die Marinade beiseitestellen.

Öl in einem Schmortopf erhitzen, Fleischwürfel darin portionsweise rundherum anbraten. Mit Salz und Pfeffer würzen und herausnehmen.

Schalotten und Knoblauch im Bratfett leicht anbraten, dann die Tomaten und das Fleisch zufügen. Marinade angießen und alles mit Muskat und Zucker würzen, zugedeckt bei geringer Hitze 2–3 Stunden schmoren lassen. Mit Salz, Pfeffer und Essig abschmecken.

Schmeckt auch mit Hase, Lamm oder Kalb.

GULASCH VERSUS GULYÁS, PÖRKÖLT ODER PAPRIKÁS

Die Namensverwirrung zwischen ungarischer Gulyás und österreichischem Gulasch ist im deutschsprachigen Raum außerhalb Österreichs häufig anzutreffen. Und verirrt sich dann noch ein deutscher Tourist ins ungarische Szeged, treibt's die Verwirrung wahrscheinlich auf die Spitze, denn von hier soll es doch herkommen, das weltberühmte Szegediner Gulasch, der Schmortopf aus Schweinefleisch, natürlich ordentlich Zwiebeln, Paprika (sowohl Schoten als auch Pulver), Sauerkraut, Sauerrahm und Kümmel. Wenn der Tourist beim Zeigen auf die Speisekarte (Gulyás, das muss es sein, das hört sich an wie Gulasch) schließlich eine – mal dünnere, mal reichhaltigere – Gulaschsuppe vorgesetzt bekommt, ist die Enttäuschung oft groß.

Dass aus dem einstigen ungarischen Suppentopf der umherziehenden Hirten, der *gulyások*, zu Zeiten der k.u.k. Monarchie in Österreich das Gulasch entstand, muss man als Tourist auch nicht unbedingt wissen. Man behelfe sich in Ungarn einfach damit, ein Pörkölt oder Paprikás zu bestellen, dann bekommt man etwas auf den Tisch, das man als deutscher Tourist getrost Gulasch nennen und genießen kann. Auch wenn es ohne Sauerkraut daherkommt.

Sertéspörkölt
Schweinepörkölt

600 g Schweineschulter ohne Knochen • 3 große Zwiebeln • 4 EL Schweineschmalz • 1 EL Rosenpaprika • 1–2 TL Salz • 3 grüne Spitzpaprikaschoten • 1 Peperoni (nach Belieben) • 1 Knoblauchzehe • 2 Tomaten

Das Fleisch waschen, trocken tupfen und in etwa 3 cm große Würfel schneiden. Zwiebeln schälen und grob zerteilen. Das Schmalz erhitzen und die Zwiebeln glasig braten. Rosenpaprika mit 1 EL Wasser hinzufügen und mit den Zwiebeln rasch verrühren. Das Fleisch zugeben, salzen und zugedeckt in 50 Minuten bei milder Hitze fast weich schmoren. Wenn nötig, ab und an ein wenig Wasser zugießen.

In der Zwischenzeit die Paprikaschoten und eventuell die Peperoni halbieren und von Kernen und Rippen befreien, waschen und klein schneiden. Die Knoblauchzehe schälen und klein hacken. Die Tomaten mit einem Gemüseschäler häuten, vierteln, mit den Paprikastücken und dem Knoblauch zum Fleisch geben und noch etwa 20 Minuten kochen lassen, bis Fleisch und Gemüse gar sind.

Das in der heutigen ungarischen Küche so typische und wie füreinander geschaffene Geschmackstrio von Schmalz, Zwiebeln und Paprikapulver ist noch relativ jung, erst ab dem Ende des 18. Jahrhunderts würzte man Speisen mit Paprikapulver, dagegen ist das ebenfalls sehr harmonische Geschmacksduo aus Schmalz und Zwiebeln schon seit dem Mittelalter bekannt. Womit sich auch erklärt, dass das wichtigste Gewürz der ungarischen Küche gar nicht der Gewürzpaprika ist, sondern die Zwiebel, die den Grundton der verschiedensten Gulyás-, Pörkölt- und sonstigen Gerichte vorgibt, auch von denen, die keinen Paprika enthalten.

Die Zwiebel gehörte auch zum Trio der bäuerlichen Zwischenmahlzeiten während der Arbeit, die aus Brot, Speck und eben Zwiebel bestanden (und dies nicht nur in Ungarn, sondern etlichen bäuerlich geprägten Ländern, die Kaminers berichten es z. B. auch aus der Ukraine). Mit einem Messer wurden diese drei Zutaten zurechtgeschnitten und roh verzehrt, ärmlichere Bauern mussten auf den Speck verzichten.

Zwiebelrostbraten

4 Scheiben Rindfleisch zu 150 g (aus der runden Nuss) • 4 Zwiebeln • 4 EL Schweineschmalz • 1 TL Salz • ½ TL weißer Pfeffer • 2 EL Butter • 125 ml Fleischbrühe • 1 Schuss Weinessig (nach Belieben)

Das Fleisch waschen, trocken tupfen, gleichmäßig flach klopfen und die Ränder einschneiden. Die Zwiebeln schälen und in Ringe schneiden. Das Schmalz in einer großen Pfanne stark erhitzen. Fleischscheiben von jeder Seite etwa 4 Minuten darin braten, sodass sie außen braun werden und innen noch leicht rosig sind. Das Fleisch nach dem Wenden salzen und pfeffern, aus der Pfanne nehmen und warm stellen. Die Zwiebelringe im Schmalz goldgelb anbraten, herausnehmen. Das restliche Schmalz aus der Pfanne entfernen, die Butter darin erhitzen und die Zwiebelringe darin wenden. Mit der Fleischbrühe aufgießen und alles kurz kochen lassen. Eventuell mit einem Schuss Weinessig abschmecken. Zwiebeln mit der Sauce über die Fleischscheiben gießen und servieren. Dazu passen Petersilienkartoffeln, grüne Bohnen und Essiggurken.

Westfälisches Zwiebelfleisch

Zwiebelfleisch ist in diversen mitteleuropäischen Regionen von Hamburg über Berlin (dort als Bollenfleisch), Franken und Wien bis Ungarn bekannt. Das westfälische Zwiebelfleisch ist traditionell bei diversen offiziellen Feierlichkeiten vom Schützenfest bis zur Hochzeit in Westfalen zu finden. In einem Menü kommt es entweder direkt als Vorspeise auf den Tisch (zu rustikalem Landbrot oder zu Kartoffeln und Gurkensalat) oder nach einer klaren Gemüsesuppe. Dann wird es gerne direkt aus dem tiefen Suppenteller gegessen. Wem das folgende Rezept etwas zu süßlich ist, der kann auch die Möhre weglassen und statt mittelscharfem scharfen Senf verwenden. Beim Abschmecken kann dann auf weitere Zuckergaben verzichtet werden. Ein ähnliches Rezept, das Bœuf Miroton, ist ein Klassiker der Pariser Küche, beliebt auch als Verwertung von Resten vom Rindfleischbraten. In französischen Krimis stößt man öfters darauf, besonders bei Georges Simenon.

800 g Rindfleisch (Tafelspitz) • Öl, Salz, Pfeffer • 1 ½ l Fleischbrühe • 2 Lorbeerblätter • 1 Bund Suppengemüse (Lauch, Sellerie, Zwiebel, Möhre) • 2 Gemüsezwiebeln • 2 EL Butter • 1 EL mittelscharfer Senf • 1 EL Zucker • 1 EL Mehl

Fleisch salzen und pfeffern. Dann in einem Bratentopf mit Öl so lange von allen Seiten anbraten, bis es ordentlich Farbe bekommt. Mit der Brühe ablöschen. Lorbeerblätter und das geputzte und grob zerkleinerte Suppengemüse dazugeben. Das Ganze mindestens 2 Stunden langsam köcheln lassen. Fleisch aus der Brühe nehmen und in Scheiben schneiden. Rinderbrühe abseihen und Lorbeerblätter und Suppengemüse entfernen.

Für die Sauce die Gemüsezwiebeln schälen, in Streifen schneiden und in Butter glasig dünsten. Senf, Salz und Zucker dazugeben. Die Zwiebeln leicht mit Mehl bestäuben und mit der Rinderbrühe auffüllen. Sauce etwa 20 Minuten köcheln lassen. Abschmecken und nach Geschmack Zucker nachgeben. Zum Schluss das Fleisch langsam in der Sauce erwärmen und heiß servieren.

Westfälischer Pfefferpotthast

Als gebürtiger Westfale muss ich Ihnen direkt noch einen äußerst zwiebelhaltigen Fleischtopf offerieren, der schon 1378 in Dortmund zum ersten Mal urkundlich erwähnt wurde, als der Verrat der Agnes von der Vierbecke scheiterte, die die Stadtmauern Dortmunds für feindliche Soldaten öffnen wollte. Den Wächter des äußeren Tores hatte sie schon überlistet, indem sie ihn fortschickte, ihr ein Pfefferpotthast zu besorgen, doch am inneren Tor scheiterte sie. Deshalb wird jährlich zu Beginn des Herbstes das Pfefferpotthastfest am Alten Markt gefeiert. Der Name setzt sich folgendermaßen zusammen: Hast steht für das Rindfleisch, Pott für den Topf, und Pfeffer für die kräftige Würzung, wobei nicht unbedingt der Pfeffer an sich gemeint ist.

1 kg Rindfleisch (Bug oder Brust) • 40 g Schmalz • 1 kg Zwiebeln • 3 Lorbeerblätter • 2 Nelken • 2 Pimentkörner • 10 schwarze Pfefferkörner • 1 l Brühe • 1 unbehandelte Zitrone • 2 EL Semmelbrösel • Pfeffer

Fleisch würfeln und im Schmalz von allen Seiten anbraten. Fleisch aus dem Topf nehmen und im verbliebenen Fett die in Ringe geschnittenen Zwiebeln glasig dünsten. Fleisch, Lorbeer, Nelken, Piment- und Pfefferkörner sowie die Brühe zugeben und bei mittlerer Hitze etwa 1½ Stunden garen. Anschließend abgeriebene Zitronenschale, Zitronensaft und Semmelbrösel zugeben und nochmals aufkochen lassen. Mit Pfeffer abschmecken. Passt gut zu Salzkartoffeln und Rote-Bete-Salat.

Statt mit Brühe lässt sich so ein Rindfleischtopf auch mit möglichst dunklem belgischen Bier oder irischem Stout ansetzen, dann bekämen Sie eine Carbonnade à la flamande bzw. ein aufgepimptes Irish Stew. Ordentlich Zwiebeln sind darin aber auch wichtig.

Schaschlik

Russische Zwiebel-Fleisch-Spieße

Bei diesem Rezept verwenden Balten und Russen die Zwiebeln als Marinade für Fleischwürfel (Schwein, Rind oder Lamm aus der Schulter), laut Kochbuchautor Steven Raichlen in »Atem verunreinigenden Mengen«. Sie können je nach Gusto mit der Menge und der Zwiebelsorte variieren, für 750 g Fleisch benötigt man mindestens 1 große Zwiebel, aber es sind Ihnen natürlich keine Grenzen gesetzt. Gerne verwendet werden milde abgeplattete gelb-braune Zwiebeln, die in etwas älteren Kochbüchern auch gerne als Schaschlik-Zwiebeln aufgeführt werden. Die Fleischwürfel bis zu 24 Stunden mit Salz, Pfeffer und den geriebenen Zwiebeln (alles gut vermengen) marinieren. Danach die Fleischwürfel ohne die Zwiebelmarinade auf flache Metallspieße stecken und grillen. Wenn Ihnen das noch nicht genug Zwiebelgeschmack ist, stecken Sie doch einfach abwechselnd Fleischstücke und halbe blanchierte Zwiebeln auf die Spieße. Das ist dann doppeltes Zwiebelschwelgen.

ZU GUTER LETZT …

… darf eine Nachspeise nicht fehlen, und da die Zwiebel, wie Sie inzwischen wissen, oft auch eine Süße sein kann, wagen wir uns an ein *Zwiebeleis* heran. Das ist nicht ganz so ungewöhnlich, wie es zunächst klingen mag: Im süditalienischen Tropea (siehe Sorten) gehört das Zwiebeleis schon zu den touristischen Attraktionen, und auch im spanischen Kantabrien hat Zwiebeleis Tradition. Für ein einfach herzustellendes Eis, eher eine Granita, suchen Sie sich 500 g der süßesten Zwiebeln, die Sie finden können (die Tropea wäre sicherlich die beste Wahl), kochen die geschälten Zwiebeln in Wasser weich und mixen sie mit 100 g Puderzucker sehr fein. Die Masse geben Sie in eine Metallschale und stellen diese für 2 Stunden ins Gefrierfach. Zwischendurch können Sie alle halbe Stunde die Masse gut durchrühren, je nachdem wie grobkörnig Sie das Eis letztlich haben möchten. Besitzen Sie eine Eismaschine, dann können Sie natürlich noch mit zusätzlich Milch, Buttermilch oder Joghurt verfeinern und richtig schön cremig rühren.

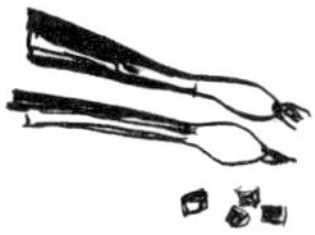

Ich hoffe, allen Zwiebelfans konnte ich noch ein paar neue Einblicke in die Vielhäutige verschaffen, und allen, die bisher eher zurückhaltend mit der Zwiebel umgingen, vielleicht doch ein wenig die Scheu vor der Vielfältigen nehmen. Möge sich somit der 70. Grund aus dem Buch »111 Gründe, selbst zu kochen« von Anke Nussbücker (Berlin 2014) als hinfällig erwiesen haben, der da heißt: »Weil man die Zwiebeln weglassen kann.«

ROLAND TAUBER

1968 in Münster geboren, Verleger des Oktober Verlags, ersinnt und erprobt Kochrezepte unter anderem für die Krimi-Reihe »Mord und Nachschlag«. Im Mandelbaum Verlag widmete er sich bereits dem Sellerie.

LITERATUR:

Bharadwaj, Monisha: Indiens vegetarische Küche. 140 Originalrezepte aus allen Regionen, München 2006.
Fischer, Margot: Bayou – Kochen in Louisiana, Wien 2005.
Gergely, Anikó: Ungarische Spezialitäten, Köln 1999.
Kaminer, Olga und Wladimir: Küche totalitär – Das Kochbuch des Sozialismus, München 2007.
Klink, Vincent: VOLL ins Gemüse mit Vincent Klink. 120 essentielle Rezepte und 40 Storys, Hamburg 2015.
Kluge. Etymologisches Wörterbuch der deutschen Sprache. Bearbeitet von Elmar Seebold, Berlin 2002.
Landis-Sager, Julie: Zwiebeln. Die besten Rezepte, Aarau 2001.
Lentz, Dr. Christiane und Dr. Alex Klubertanz: Gesunde Küche. Knoblauch & Zwiebeln, München 1998.
Moon, Rosemary: Zwiebeln. Rezepte aus aller Welt, München 2002.
Morisse, Wolfgang: Zwiebeln – zum Heulen gut. Geschichte, Naturapotheke, Rezepte, Münster 1985.
Müller, Friedrich: Hopfen und Salz. Gewürze und Genüsse aus der Alten Welt, München 1975.
Norman, Jill: Knoblauch & Zwiebeln, Würzburg 2005.
Pini, Udo: Das Gourmet Handbuch, Potsdam 2005/2007.
Prinzing, Marlis: Kanonenfutter, In: Häuptling Eigener Herd Heft 19, Stuttgart 2004.
Raether, Elisabeth: Wochenmarkt – Zwiebelmarmelade, In: Zeitmagazin Nr. 40, Hamburg 2015.
Raichlen, Steven: Planet Barbecue. Meine Grill-Weltreise. Rezepte aus über 50 Ländern, Potsdam 2011.
Segnit, Niki: Der Geschmacks-Thesaurus. Rezepte, Ideen und Kombinationen für die kreative Küche, München 2015.
Slow Food Deutschland Magazin 1/2018.
Strehlow, Wighard: Die Ernährungstherapie der Hildegard von Bingen. Rezepte, Kuren, Diäten, München 2009.
von der Winden, Usch: Die Zwiebel, Köln 2015.
Wells, Patricia: Die Bistro-Küche. Die 200 besten Rezepte der traditionellen französischen Küche, München 1994.
Wormer, Eberhard J.: Klostermedizin. Heilkunde und Lebenskunst, Köln 2010.
www.cooksinfo.com/bermuda-onions
Zurbrüggen, Holger: Westfälisches Zwiebelfleisch. In: Der Tagesspiegel vom 16.5.2005.

REZEPTVERZEICHNIS